LA TYRANNIE

DE
LA TYRANNIE,

PAR

ALFIÉRI.

DE

LA TYRANNIE,

PAR

ALFIÉRI;

TRADUIT DE L'ITALIEN,

PAR J.-A.-F. ALLIX,

LIEUTENANT-GÉNÉRAL DES ARMÉES FRANÇAISES, CHEVALIER DE LA LÉ-
GION-D'HONNEUR, DE L'ORDRE DE SAINT HENRI DE SAXE, COMMAN-
DEUR DE L'ORDRE DE LA COURONNE DE WESTPHALIE, ETC.

Impuné quælibet facere, id est regem esse.

PARIS,

A. LECLAIRE, ÉDITEUR,

RUE SAINT-DENIS, N° 380, PASSAGE LEMOINE.

———

1831.

Paris. — Imprimerie d'Herhan, rue Saint-Denis, n. 380.

AVIS

DU TRADUCTEUR.

La TYRANNIE, d'Alfieri, est peut-être la conception la plus profonde de l'esprit humain ; je le
pense ainsi du moins. L'exemplaire que je possède m'a été donné par l'auteur, en 1801, quelque
temps après la bataille de Marengo ; je comman-
dais alors l'artillerie subalpine, ou du Piémont,
sous les ordres de trois généraux qui vivent encore. Ces généraux se nomment Jourdan, Dupont
et Soult. Je m'étais fait une société d'amis, dont
la maison de madame la baronne de Peron était
le point de réunion. Selon les mœurs italiennes, les
hommes seuls y étaient admis, et en cette qualité,
se trouvait en première ligne le comte Alfieri, que
l'Italie considère comme son premier écrivain.
L'Italie soutient qu'il a dans son style toute l'éner-
gie de Corneille, toute la douceur de Racine, et
toute la finesse et l'abondance de Voltaire. Peut-
être y a-t-il un peu d'exagération dans cette pré-
tention. Il n'en est pas moins vrai qu'Alfieri est l'é-
crivain dont le langage est le plus énergique que
je connaisse. J'en donne pour exemple le beau vers
de sa tragédie de Brutus.

CHI SEI ? BRUTO. COSA DOMANDA ? LA MORTE. L'AVRAI.

Alfieri confia à notre amitié, commune à tous,

a

et avant publication, les six premiers exemplaires qu'il eût à sa disposition. Il les confia à notre foi, en nous priant de les conserver en mémoire de lui, et de transmettre son ouvrage à la postérité. J'ai appris depuis que tous les efforts qu'on a faits pour rendre ce chef-d'œuvre politique à la publicité, ont été sans résultat : moi-même, je l'ai essayé deux fois sans succès.

La TYRANNIE n'a pas voulu que la *Tyrannie* d'Alfieri vît le jour;

Et pourtant elle le verra!!!

J'en publie une traduction fidèle, et je me réserve de la faire publier dans sa langue originelle, et j'y ajouterai, dans la même langue : la VERTU MÉCONNUE du même auteur.

La *Tyrannie* d'Alfieri est le plus beau plaidoyer en faveur de la liberté. Cet ouvrage est mon *vade mecum*; il ne m'a pas quitté un seul instant, ni sous la zône torride, ni sur les glaces et les neiges de la Russie. Dès ce moment je le lègue et le donne à mes enfans. Qu'ils le méditent bien, et qu'ils s'en servent pour apprendre à aimer leur pays, et à aimer la liberté.

Je fais précéder la TYRANNIE d'Alfieri, par une pétition que j'adresse aux Chambres: cette pétition indique tant de faits *tyranniques*, que je ne peux pas rendre à mon illustre ami un témoignage plus éclatant de sa haute prévision.

J'ajoute, comme fait historique, qu'Alfieri avait pour gouvernante de sa maison, la dernière fille des Stuarts, rois détrônés de l'Angleterre, alors connue sous le nom de la comtesse d'Albanie.

Les principes d'Alfieri sont exactement les mêmes que ceux que la France cherche depuis quarante ans à mettre en pratique, et que, bien certainement, elle parviendra à y mettre. Les obstacles

qu'elle a eus à vaincre jusqu'à ce jour, n'ont fait
qu'ajouter à l'évidence de ces principes, et le moment n'est pas éloigné, où ils obtiendront un éclatant succès. La *Tyrannie* d'Alfieri, que je publie
aujourd'hui, ne manquera pas de contribuer pour
beaucoup, au développement de ces principes.

Si l'un quelconque des colléges électoraux de la
France libre m'appelle à être son mandataire,
outre les questions générales, je m'y occuperais
d'une question bien plus importante. J'accuserais
de Trahison, devant la France et devant l'Europe,
tous les ministres de la quasi-légitimité ou de la
quasi-restauration, à commencer par le ministère
Guizot et à finir par le ministère Casimir Périer.
Ce que j'avance ici, les ministres le savent! je le
leur ai écrit cent fois depuis un an; ils ont
reconnu la validité des infames traités de 1814 et
1815! ils ont placé la France sous l'empire des
protocoles de la Sainte-Alliance!!!

Si j'étais député de la France, je soutiendrais
devant la Chambre que les traités de 1814 et de
1815 sont nuls de plein droit, comme ayant été
passés, entre l'émigration d'une part, et la coali-
tion de l'autre, et sans la participation de la
France, qui a subi ces traités sans y avoir été
partie contractante. Par une conséquence nécessaire de la nullité de ces traités qui ne sont d'ailleurs que des actes de tyrannie au premier chef,
je soutiendrais encore la nullité de tous les actes
qui s'en sont suivis, et je demanderais l'annulation
de toute cette *prétendue* législation de la contre-
révolution, qui surcharge d'une manière si monstrueuse la législation française. Je demanderais
cette annulation, qui d'ailleurs, a été irrévocable-
ment prononcée par la bataille de juillet 1830, et
je démontrerais très bien que le ministère français

a négligé de remplir les devoirs les plus saints, les plus sacrés, lorsqu'il a reconnu les actes de la restauration, ou plus exactement les actes de la contre-révolution.

L'histoire l'a déjà remarqué, et plus nous marcherons en avant, plus elle constatera l'évidence d'un fait : et ce fait est que, sans le génie de Napoléon, génie incomparable à aucun autre, la France eût été indubitablement envahie douze ou quinze ans plus tôt; elle n'aurait pas eu alors le temps de consolider nos institutions : elles seraient mortes au berceau. Mais ces institutions étaient déjà vigoureuses en 1814 et 1815; elles ont pu résister à deux invasions étrangères: elles ont résisté à toute la corruption de la restauration et du jésuitisme, agissans dans toute leur fureur, et elles ont triomphé en 1830, de la manière la plus éclatante. Nos ministres sont bien coupables d'avoir voulu, et de vouloir encore, même aujourd'hui, entraver la marche triomphante et progressive de ces institutions et de notre liberté.

La conduite politique et militaire de Napoléon a été, et fut la conséquence obligée de sa position à l'égard des coalitions européennes contre la France. On ne l'en accuse pas moins de *tyrannie*. Je laisse ici à l'histoire le soin de donner un démenti formel aux contemporains, elle prouvera que Napoléon était l'enfant chéri de la liberté.

Le lieutenant-général ALLIX.

PÉTITION

DE SEPT HABITANS

DE LA COMMUNE DE COURCELLES,

CANTON DE VARZY, DÉPARTEMENT DE LA NIÈVRE,

ADRESSÉE

A

MM. LES PRÉSIDENT

ET MEMBRES DE LA CHAMBRE DES DÉPUTÉS.

———————

*Usquequò tandem, Catilina, abutere
patientiá nostrá.*

MESSIEURS,

Je vous annonçais dans la pétition que j'ai eu
l'honneur de vous adresser hier relativement à
l'élection de M. Dupin aîné, élection dont je vous
ai demandé l'annulation, que je vous adresserais
celle-ci en faveur de sept habitans de mon village,

dont cinq sont attachés à mon service comme vi-
gnerons ou comme domestiques de labour.

Cette pétition a pour but et pour objet de vous
prier, Messieurs, de provoquer une loi qui nous
dispense d'avoir recours au conseil d'état pour en
obtenir l'autorisation de poursuivre devant les tribunaux les fonctionnaires publics prévaricateurs,
usage abusif et souvenir de la constitution de l'an viii
et que ni la charte de 1814, ni celle de 1830, qui,
sans doute, sera une vérité, n'ont point sanctionné.

Pour motiver devant vous, Messieurs, la demande
que je forme, j'aurai nécessairement besoin d'entrer dans de nombreux détails; mais ces détails
mêmes et les faits relatifs à la question qui m'occupe sont si nombreux que je ne puis en omettre
aucun sans trahir la cause de mes malheureux domestiques, incendiés en 1823, et dépouillés des bienfaits de la commisération publique par un abus du
pouvoir administratif, qui, sans doute, n'a jamais
eu d'exemple en France, même sous l'empire de
la restauration et du jésuitisme, ailleurs que dans
le hameau que j'habite. Ayez donc, Messieurs, la
bonté de me lire tout entier et de bien réfléchir
sur chacun des faits qui servent de motifs à la pétition que j'ai l'honneur de vous adresser.

C'est contre M. Dupin père, sous-préfet de Clamecy avant juillet 1830 et depuis juillet 1815, que
cette pétition est dirigée. Si vous validez l'élection
de son fils, le père aura un défenseur naturel à la
chambre; j'espère aussi que mes domestiques y en
trouveront également. J'expose les faits:

Au mois de mai 1823, un incendie éclata pendant la nuit dans le hameau de Chivre. Cet incendie fut si rapide que les propriétaires des sept maisons incendiées eurent beaucoup de peine à sauver leurs personnes et celles de leur famille : tout périt, tout fut la proie des flammes.

La bienfaisance publique vint au secours de ces sept familles, et elle leur assura les bienfaits suivans :

1° Le conseil municipal de la commune leur accorda deux cent trois pieds d'arbres, nature de chêne, à prendre dans les bois de la commune. La délivrance en fut faite au maire de Courcelles, par l'agent forestier de l'arrondissement de Clamecy, pour être distribués aux incendiés, d'après un état dressé par l'architecte Louzon, et en raison des besoins de chaque incendié.

2° On parvint à réunir une somme d'argent d'environ 2,000 francs qui furent déposés dans la caisse municipale, et qui, comme les arbres, devaient être distribués à chaque incendié en raison des pertes de chacun.

3° Les habitans de la commune qui ne purent concourir par des moyens pécuniaires aux secours accordés, y concoururent par des travaux manuels, accordés volontairement : travaux qui ont été estimés être de la valeur de 450 francs. D'autres personnes y concoururent encore par la fourniture de matériaux de construction, comme tuiles, chaux, briques, carreaux.

Tous ces secours réunis ont été estimés être d'une valeur de 13,500 francs environ.

Toutes ces valeurs appartenaient bien aux sept familles incendiées, car rien ne nous appartient mieux que ce qui nous a été donné. Il n'en est pas moins vrai que ces valeurs ne sont pas arrivées à leur destination. Vous ne croyez pas sans doute ce que je viens d'affirmer : vous ne devez pas croire la chose possible. Patience, Messieurs, et vous allez voir tout-à-l'heure que ce que vous croyez impossible n'en est pas moins arrivé : *ab actu ad possibile valet conclusio.*

M. Dupin père fesait à la même époque construire dans le même village une maison, que ses trois fils ont depuis appelée la MODESTE campagne de leur EXCELLENT père. Cette construction avait lieu sous la direction d'un sieur Delangle, architecte à Varzy et entrepreneur banal de M. le sous-préfet pour les travaux publics de la sous-préfecture.

Indépendamment de la maison de M. Dupin, Delangle avait encore quatre ou cinq autres entre-prises dans les communes voisines comme à Colmeri, à Chevannes-les-Godeaux, etc.

Or, encore et à la même époque, M. Dupin cède par un marché, sous signature privée, marché clandestin, sans date fixe, et qui a pu être fait après coup, selon les besoins de la cause dont j'aurai tout-à-l'heure l'occasion de vous occuper; M. Dupin père, dis-je, cède à Delangle, par ce marché que j'appellerai FRAUDULEUX, faute d'un autre mot

que nôtre langue ne me fournit point; il cède,
dis-je encore une fois, à son architecte Delanglé,
les 13,500 francs de valeurs réelles qui n'appartenaient point à M. Dupin, mais exclusivement aux
sept familles incendiées, et que le maire de Courcelles aurait dû leur faire distribuer en raison des
pertes que chaque famille avait éprouvée, et d'a-
près l'évaluation de ces mêmes pertes faite par les
soins de la mairie et du conseil municipal.

Il fallait bien que M. Dupin père, et alors sous-
préfet, donnât un prétexte quelconque à ce marché spoliateur, marché qui n'a jamais été connu
des incendiés, qui a été fait et passé sans leur ap-
probation et à leur insu: la condition imposée à
Delangle fut donc qu'il reconstruirait, non toutes
les maisons incendiées, mais seulement le tiers ou
le quart environ desdites maisons.

La première question qui se présente ici est de
savoir de quel droit M. Dupin père, quoique sous-
préfet, s'est établi lui-même le mandataire des incendiés; de quel droit il a ordonné au maire de
Courcelles de délivrer à Delangle les valeurs que le
maire de Courcelles, qui en était le dépositaire, ne
devait délivrer qu'aux incendiés eux-mêmes, selon
la volonté des bienfaiteurs, et, ce qui est encore
bien plus puissant, selon le simple bon sens et la
nature des choses.

Je passe outre, Messieurs, et je vous prie de ne
pas perdre de vue un seul instant que les valeurs
appartenant aux incendiés s'élevaient à la somme
de 13,500 fr. environ.

b

Or, il a été constaté, dans les formes de droit les plus rigoureuses, que Delangle n'a dépensé que 1,300 fr. environ pour les reconstructions partielles qu'il a faites des maisons incendiées, et qu'au lieu d'y employer les deux cent trois arbres coupés dans les bois de Courcelles, il n'a employé qu'environ vingt-six pièces de charpente, qui ne représentent pas en tout au-delà de quinze arbres. Il y a donc un déficit réel de cent quatre-vingt-huit arbres, dont chacun valait au moins 50 francs.

Et comme si le marché clandestin de M. Dupin avec Delangle n'avait pas été assez avantageux à celui-ci, l'administration a souffert que Delangle coupât dix arbres à son choix, et à son profit, dans les bois de Courcelles; c'est un fait incontestable, et je puis certifier que de tels arbres ne peuvent s'estimer moins que 100 francs l'un.

La perte éprouvée par les incendiés, par suite du marché clandestin passé entre M. Dupin père et Delangle, à l'insu des incendiés, et contre leurs intérêts, ne peut s'évaluer à moins de 12,000 fr. Le fait a été constaté dans les formes légales, et il ne lui manque plus pour devenir un fait authentique que d'être constaté par autorité de justice; mais les incendiés ont été arrêtés sur le seuil de la porte de la justice, comme vous le verrez, Messieurs, par l'arrêt de la cour de Bourges, dont je vous adresse ci-joint une copie authentique.

Avant de discuter devant vous cet arrêt, permettez-moi, je vous prie, de reprendre les faits et de vous les exposer dès l'origine même du procès.

Vous savez tous, Messieurs, que mon nom, ou un nom à peu près semblable au mien, fut compris dans l'ordonnance du 24 juillet 1815, et j'en ai subi toutes les conséquences, et dans toutes leurs rigueurs. Et je commence par vous dire que M. Dupin père s'était fait nommer sous-préfet de Clamecy, dont j'habite l'arrondissement, immédiatement après la seconde restauration, aux premiers jours de juillet 1815.

J'ajoute que M. Dupin père a sa propriété rurale dans le même village où se trouve la propriété de mes enfans, sur laquelle j'habite; et pour me servir d'une vérité morale, exprimée par la Dixmerie dans ses charmans *Contes philosophiques*, NOUS SOMMES TROP VOISINS, LE PÈRE DUPIN ET MOI, POUR ÊTRE AMIS.

Je n'ai point de preuves matérielles à vous offrir que ce soit M. Dupin père qui ait envoyé mon nom au rédacteur de la liste de proscriptions de l'ordonnance du 24 juillet 1815; mais à défaut de preuves matérielles, j'en invoque d'autres, qui, en morale et en politique, et pour quiconque connaît le cœur humain ont non moins de puissance et non moins de valeur que des preuves matérielles.

La première de toutes est que M. Dupin père sollicita et obtint la sous-préfecture de Clamecy dans les premiers jours de juillet 1815, et qu'alors il y avait à Clamecy un comité contre-révolutionnaire, organisé à l'instar des comités de 93, et qui, nécessairement, agissait sous la direction d'une autorité administrative.

La seconde preuve morale, que c'est M. Dupin père et son comité contre-révolutionnaire qui ont fourni mon nom sur la liste de proscription, c'est que c'est lui qui m'a fait signifier vers le 20 octobre 1815 l'ordre de m'éloigner de mon domicile ordinaire dans les vingt-quatre heures, à la distance de quarante lieues de ce domicile. Par une grace toute spéciale qu'il appelait de la bienveillance, le père des trois fils Dupin me laissa le choix du département où j'aurais à fixer mon exil; je choisis le département du Doubs, où résidait, près Guingey, madame Le Maître, sœur de mon camarade Lepin et mère d'un officier d'artillerie qui servait sous mes ordres dans la campagne de 1812, et dont le nom fut enregistré d'une manière ineffaçable sur les champs de bataille de Valontina et de la Moskowa en août et en septembre 1812.

Après être resté deux jours à Guingey, chez madame Le Maître, je me rendis à Besançon pour remettre au préfet de Doubs mon passe-port; il m'avait été délivré par Dupin père; le préfet du Doubs était Capelle, l'un des signataires des ordonnances du 25 juillet 1830. Je logeais à Besançon chez le second des enfans de madame Le Maître, et à six heures du matin, je fus arraché de mon lit par cinquante gendarmes et jeté dans la voiture du préfet même, et conduit sous cette imposante escorte dans les cachots de la citadelle de Besançon, d'où je ne suis sorti que pour venir en janvier 1816, sous l'escorte de la gendarmerie, dans les cachots de la préfecture de police à Paris; j'y suis resté jusqu'au

6 février 1816, M. Decaze étant alors ministre de la police à Paris.

Rentré en France au commencement de 1819, je ne fus pas long-temps à m'apercevoir que j'étais soumis dans ma campagne à une surveillance inquisitoriale et vexatoire des autorités locales dont M. Dupin père était le chef dans l'arrondissement de Clamecy. Pour me soustraire à tant de vexations et à tant d'inquisitions, dont l'intérieur même de ma maison n'était pas exempt, je pris le parti d'aller établir mon domicile à Decize, même département de la Nièvre, en laissant toutefois chez moi ma femme et mes enfans. Je n'y pus trouver le repos que je cherchais, et après deux ans de séjour à Decize, et certain que j'étais que mon sort, loin de s'améliorer, malgré l'isolement absolu où je vivais dans la retraite volontaire que je m'étais choisie, s'était au contraire aggravé, je pris le parti de revenir dans ma famille, dont au moins je pouvais recevoir toutes les consolations dont j'avais besoin. Mon retour chez moi eut lieu au commencement d'octobre 1824.

Jusque là j'avais ignoré tout ce qui s'était passé à l'égard des incendiés, dont cinq étaient, ainsi que je l'ai dit plus haut, attachés à mon service. Ils me prièrent de m'intéresser à eux et de réclamer la justice qu'ils croyaient leur être due; et en effet, j'en écrivis le 18 octobre à M. le sous-préfet de Clamecy qui me répondit, *le 22 octobre, n'avoir aucune connaissance des faits dont je parlais dans ma lettre du 18,* relativement à la destination donnée aux valeurs appartenant aux incendiés.

Et le SOUS-PRÉFET AJOUTAIT : QU'IL ALLAIT PRENDRE DES RENSEIGNEMENS A CET ÉGARD. Après plusieurs lettres échangées sans résultat, de M. le sous-préfet et moi, pendant les mois de novembre et décembre 1824 et janvier 1825, le sous-préfet m'écrivit enfin le 31 janvier 1825, et il me disait que les arbres coupés dans la commune de Courcelles en 1824 l'avaient été par autorisation du ministère des finances, et le sous-préfet ajoutait que si je pensais qu'il eût existé des abus ou des malversations, je devais m'adresser à M. le procureur du roi de Clamecy. J'ai cru n'avoir rien à faire de mieux que de suivre ce conseil, et dans une lettre du 1er février, à M. le procureur du roi de Clamecy, je lui disais : que l'enlèvement des bois destinés aux incendiés, fait par le sieur Delangle, était un véritable VOL. Mais le procureur du roi de Clamecy, au lieu d'informer sur ma demande, me poursuivit en police correctionnelle. Je publiai pour ma défense plusieurs mémoires judiciaires. J'ai l'honneur de vous remettre ci-joints plusieurs exemplaires de ces mémoires, qui contiennent les faits avec une scrupuleuse exactitude.

Je vous prie, Messieurs, de remarquer que l'instance judiciaire fut remarquable par l'incident que je vais vous signaler ici.

Pendant cette instance, les trois fils Dupin firent insérer dans *l'Aristarque* et dans la *Quotidienne* une lettre fort longue, dont la réfutation se trouve dans mon second mémoire. En 1817, M. Dupin aîné me dénonçait par *la Minerve* à l'opinion politique comme mauvais PARENT et mauvais AMI. Le rôle de MM. Dupin change en 1825; ils me dénoncent à l'opinion contre-révolutionnaire par les deux organes les plus accrédités de cette opinion, et finalement, après deux ans de procédure correctionnelle j'en fus quitte pour un mois d'emprisonnement et 100 fr. d'amende. Le jugement définitif est motivé sur ce que la vente, faite clandestinement par Dupin père au sieur Delangle des valeurs appartenant aux incendiés, n'était pas un VOL, mais simplement un fait INSOLITE. Il est évident que si feu Escobar avait rédigé lui-même ce jugement il n'aurait pu mieux faire.

Une autre circonstance très remarquable et qui mérite toute votre attention, Messieurs, se trouve dans le fait suivant dont vous êtes en position de vérifier toute l'exactitude, et à cet effet, je vous prie de vous rappeler que mes premières démarches près du sous-préfet de Clamecy, en faveur de mes domestiques, datent du mois d'octobre 1824.

En novembre, même année, un habitant de la Nièvre, dont je ne puis citer le nom parce que le ministère m'a constamment refusé une copie de la dénonciation dont je vais parler, vint à Paris, obtint du ministre Corbière une audience particulière, et lui fit la *révélation* suivante qu'il signa. Ce prétendu *révélateur* annonçait au ministère Corbière que de complicité avec moi et avec deux officiers de l'ancienne armée, dont il disait ne pas savoir les noms, il avait formé le complot d'assassiner le roi Charles X et toute sa famille, et qu'il en fesait la révélation par le repentir qu'il éprouvait d'avoir pris part à ce complot; et ce qui ajoutait à la vraisemblance de cette infamie, c'est que, dans le courant de novembre 1824, j'étais venu à Paris pour m'y faire traiter par le docteur Sellier demeurant à Paris, rue Saint-Honoré, n° 313, d'une cécité complète dont j'étais alors menacé. Le complot dont il s'agit aurait été formé dans mon cabinet et dans ma maison.

En conséquence le ministre Corbière me plaça sous la surveillance de tous les membres de l'administration, avec ordre de ne pas me perdre de vue une seule minute, et aussi de faire dans le plus grand secret une enquête administrative sur tout ce que j'avais fait et dit depuis mon retour en France, en janvier 1819.

Cette enquête eut en effet lieu en novembre et décembre 1824; mais comme tous les fonctionnaires publics de la Nièvre furent mis dans le secret, il se trouva un honnête homme qui m'apprit tout ce que je viens de vous raconter, et dont sont ensuite convenus avec moi le ministre Corbière, le directeur-général Franchet et la préfecture de la Nièvre.

L'enquête prouva que l'infame signataire de cette dénonciation n'était jamais venu chez moi, qu'on n'y avait jamais vu d'anciens militaires décorés, et que je vivais exactement seul au sein de ma famille.

Or, je vous prie de remarquer, Messieurs, qu'il ne fallait plus aux infames qui me persécutent depuis dix-sept ans, qu'un seul faux témoin pour me faire couper le cou.

Par ce seul fait, dont les preuves existent dans les archives du ministère de l'intérieur et dans les bureaux de la préfecture de Nevers, et dans ceux de la sous-préfecture de Clamecy, et que vous êtes en position de vérifier, appréciez, appréciez tout ce que j'ai dû souffrir depuis douze ans. En outre, le procureur du roi de Clamecy m'a traduit cinq fois en police correctionnelle; de ces cinq procès j'en ai perdu deux qui m'ont coûté six semaines de prison et qui, malgré le respect dû à la chose jugée, n'en sont pas moins des jugemens d'une iniquité révoltante, et j'ai gagné les trois autres même devant les juges du jésuitisme.

Le procureur du roi de Clamecy, et alors que je subissais à Nevers un mois de prison, essaya encore une fois de me traduire, pour la sixième fois, en police correctionnelle; pour cette fois il échoua complètement, et il fut obligé de renoncer lui-même à son infame tentative; mais l'intention était bien évidente et les mesures étaient bien prises pour me faire condamner à cinq années de détention. Vous allez en juger par le récit des faits qui sont judiciaires, et par conséquent authentiques.

Un habitant de mon village, nommé Louis-Claude Beuzon, me fit appeler à son lit de mort, et il me confia son testament olographe, par lequel il me chargeait de la curatelle de deux enfans mineurs qu'il avait, nés avant mariage, mais légalement reconnus par un mariage subséquent, et de protéger sa femme, alors enceinte, contre son frère Louis Beuzon, maire du village, et le même qui, par ordre de Dupin père, avait livré à Delangle les valeurs appartenant aux incendiés, et dont j'ai donné l'état plus haut. Ce maire, le nommé Simon Beuzon, était lui-même impliqué dans dans les plaintes des incendiés pour avoir livré à un tiers les valeurs qui n'appartenaient qu'à eux. Ce Simon Beuzon n'avait jamais voulu reconnaître le mariage de Louis-Claude Beuzon, son frère, et encore moins la légitimité des deux enfans nés avant mariage, mais légitimés par le mariage subséquent. Si, comme le craignait Louis-Claude Beuzon son frère, Simon parvenait à faire casser le mariage du mourant, les enfans eussent été illégitimes et n'auraient eu aucun droit à la succession de leur père, laquelle peut s'estimer de 12 à 15,000 francs. Le testament de Louis-Claude Beuzon n'avait donc d'autre but que de donner un protecteur à la veuve et aux enfans. J'acceptai le mandat et je l'ai fidèlement exécuté, et la veuve et les enfans sont restés en possession de la propriété patrimoniale.

Quelque temps après, et le jour même où j'appris ma condamnation à Nevers, la veuve Beuzon fit ses couches; elle me fit appeler et elle me dit qu'elle était accouchée avant terme, et que son enfant ne vivrait pas; en effet, il mourut la nuit suivante ; je partais le lendemain pour Nevers, et j'allais m'y constituer prisonnier, et j'étais déjà à cheval lorsque j'appris la mort de l'enfant.

Après avoir fait préparer ma chambre à la prison, je fus faire une visite à M. le préfet de la Nièvre, chez qui je restai tout au plus trois minutes, et il ne fut question que de ces propos ordinaires de politesse en usage entre les gens qui savent vivre, et le soir même je me constituai prisonnier.

La cour d'assises ouvrit sa session ordinaire quelques jours après. Un M. Trumeau, marchand de bois à la Charité-sur-Loire, et un M. Thoulet, propriétaire à Entrain, étaient membres du jury et vinrent à la prison pour me voir. Le concierge leur dit qu'il fallait une permission du préfet ; le préfet les renvoie au procureur du roi, le procureur du roi les renvoie au préfet ; bref, il fallut quatre ou cinq jours pour qu'ils pussent obtenir la permission d'arriver jusqu'à moi (1), et pendant tous ces délais, voici exactement ce qui se passait dans mon village et entièrement à mon insu. Le procureur du roi de Clamecy, le juge d'instruction, deux chirurgiens, tous accompagnés de la gendarmerie de Clamecy, viennent dans le village, font exhumer l'enfant Beuzon, en font l'autopsie, la mère elle-même encore convalescente de ses couches laborieuses est forcée d'assister et d'être présente à cette autopsie, spectacle capable de faire mourir dix mères. Mais il s'agissait de constater que l'enfant n'avait pas été

(1) On me traitait comme si j'eusse été au secret, l'on va voir pourquoi.

assassiné d'un coup de couteau par son oncle Simon Beuzon, comme j'en avais porté plainte par écrit, selon le dire de je ne sais qui, à M. le préfet de la Nièvre.

Je vous laisse maintenant, Messieurs, faire vos réflexions et sonder la profondeur de la plaie! Je vous demande quelles peines m'eussent été réservées si le fait eût été vrai, ou si l'intrigue eût pu constater d'une manière quelconque que j'avais dénoncé Simon Beuzon comme assassin de l'enfant nouveau né; toutes les recherches possibles ont eu lieu, et après tant de peines perdues, le procureur du roi de Clamecy ne put trouver aucun indice de culpabilité contre moi, pas plus que Corbière et Peyronnet, leur préfet, sous-préfet, procureur du roi, etc., n'en purent trouver pour constater le prétendu complot contre la vie de Charles x et de toute sa famille.

Ma pétition serait immense si j'entreprenais de vous raconter tout ce que j'ai eu à souffrir pour ma sûreté personnelle, et la sûreté de mes propriétés, pendant les seize ans de la restauration. Les faits que je vous cite et qui sont judiciaires, et par conséquent authentiques, suffisent pour vous faire bien comprendre tout ce qui a été tenté ténébreusement dans des souterrains à moi tout-à-fait inconnus, mais dont je n'en ai pas moins ressenti les effets; et je me résume en vous disant, Messieurs, que ma défense personnelle et la défense de la propriété de mes enfans absorbe, depuis seize ans, au-delà de ma solde militaire; que depuis

seize ans l'on a fait quatre tentatives d'assassinat
sur ma personne; que ces tentatives sont restées
impunies, quoique les coupables soient bien connus; et que depuis seize ans M. Dupin père est
sous-préfet de Clamecy où les tentatives ont eu
lieu.

Je pense, Messieurs, que ce système doit avoir
une fin. Je croyais que les glorieuses journées de
juillet 1830 l'auraient amenée, et je le croirais encore, sans l'outrage sanglant que j'ai subi publiquement à Clamecy, et malgré une vie militaire, civile et politique sans reproches, dans la journée du
5 juillet dernier.

Les motifs qui purent dicter l'article de la constitution de l'an viii qui a rendu *impunissables* tous les
fonctionnaires publics sans une autorisation préa-
lable du conseil d'état, n'existent plus et ne peuvent
plus exister sous l'empire de la CHARTE-VÉRITÉ, ou
autrement tous les fonctionnaires publics ne sont
plus que des petits tyrans, qui, selon l'expression
de Salluste, ont le droit et le pouvoir de tout faire
avec certitude d'impunité (1).

Messieurs, le procureur du roi de Clamecy, au lieu
d'informer sur ma plainte du 1er février 1825, comme
c'était bien certainement son devoir de le faire,
m'ayant poursuivi comme calomniateur devant les
tribunaux correctionnels, et n'ayant pas permis que
je fusse admis à prouver les faits que j'avais allégués,

_____

(1) Impuné quælibet facere, id est regem esse.

SALLUSTE. *De Bell. Jug.*

et dont le ciel et la terre avaient été témoins; ayant encore obtenu du tribunal de Cosne une ordonnance de la chambre du conseil rendue sans informations préalables, sans m'appeler en cause, sans y appeler les incendiés, portant qu'il n'y avait pas lieu à poursuivre sur ma plainte du 1er février, les incendiés prirent le parti de former une action civile contre Dupin père et consorts en reddition de compte de l'emploi des valeurs dont ils avaient été dépouillés.

Dupin père et ses co-intimés soutinrent devant la cour de Bourges qu'ils avaient agi comme fonctionnaires publics, et qu'ainsi il ne pouvaient être poursuivis sans l'autorisation du conseil d'état. Il était évident cependant que le marché sous seing privé passé entre Dupin père et son architecte Delangle n'était point un acte administratif, mais bien dans la véritable acception du mot un acte privé. Si c'eût été un acte administratif, M. Dupin père aurait nécessairement rempli toutes les formalités prescrites par les lois; la vente eût été précédée d'annonces et d'affiches publiques. Or rien de tout cela n'a été fait. Personne au monde n'a eu connaissance de la cession faite par Dupin père des valeurs que la bienveillance publique avait destinées aux incendiés.

La cour de Bourges, par l'arrêt dont ci-joint copie, admit le système de Dupin père et consorts contre toute raison et l'évidence.

Les incendiés allaient suivre la marche qui leur était tracée par l'arrêt sus-mentionné et se proposaient d'adresser une requête au roi pour en obtenir l'autorisation exigée. Cette requête était déjà imprimée, mais des motifs graves les forcèrent à changer d'avis, ou plutôt à renoncer pour le moment aux poursuites commencées.

Le premier de ces motifs était que l'avocat au conseil leur demandait 1,200 francs pour les honoraires, et que les incendiés n'étaient pas en état de faire une telle dépense. Cependant ils auraient passé sur cette considération sans le second de leurs motifs qui me reste à vous faire connaître.

En août 1824, un sieur Frottier, notaire et maire à Varzy, parent de MM. Dupin, fit abattre ou permit que l'on abattît dans les bois de la commune plusieurs arbres qu'il fit transporter par ses laboureurs dans l'un de ses domaines et les employa à des constructions exécutées sur la propriété de ce maire. L'administration forestière informée de ce délit le fit constater dans les formes de droit, et les délinquans furent poursuivis à la requête de l'administration forestière devant le tribunal de Clamecy.

Il fut jugé, 1° en octobre 1824, que les domestiques de Frottier ayant agi par les ordres de leur maître étaient mis hors de cause.

2° Que les deux charpentiers de Frottier, qui avaient abattu et employé les bois, subiraient ainsi que les deux gardes forestiers chacun six mois de prison, et ils furent condamnés en outre à 3 ou 400 francs d'amendes, à 3 ou 400 francs de dommages et intérêts envers la commune de Varzy, et en outre le tribunal donna acte à M. le procureur du roi de Clamecy de la réserve qu'il se fesait de poursuivre le maire de Varzy comme étant le principal auteur du délit.

Ce jugement fut rendu et prononcé en audience publique du 15 au 20 octobre 1824.

Le procureur du roi dut, en l'exécutant, user de la réserve qu'il s'était faite de se pourvoir devant le conseil d'état pour obtenir l'autorisation dont il pensait avoir besoin pour poursuivre le maire de Varzy ; mais le bruit se répandit bientôt que les ministres Corbière et Peyronnet avaient refusé l'autorisation sollicitée, et que, même, ils avaient décidé l'un et l'autre que Frottier resterait maire et notaire à Varzy. Sur cela je ne sais rien autre chose, que ce qui est dans la bouche de tout le monde ; mais ce qui est certain, c'est que Frottier est resté maire et notaire, et l'est encore aujourd'hui, quoique le drapeau national ait été arraché de dessus le clocher de Varzy, où les habitans l'avaient arboré le 2 août 1830. Le brigadier de gendarmerie de Varzy nommé Wanvermouth, qui en a fait l'enlèvement, m'a dit à moi-même, lorsqu'il vint m'apporter l'an dernier ma carte d'électeur, qu'il avait agi en cette circonstance par ordre de Frottier.

Comme vous le penserez bien, Messieurs, cette affaire occupa tous les esprits et donna lieu à une foule de conversations, à une foule de propos qui sont plus ou moins probables ; sans garantir les faits, je vais les mentionner, en vous laissant le soin d'en apprécier le mérite.

Le système de défense des deux charpentiers de Frottier, devant le tribunal de Clamecy, fut de soutenir qu'ils avaient agi de leur chef et sans en faire part au maire de Varzy ; enfin, pour tout dire en un mot, que c'était pour leur propre compte qu'ils avaient abattu, enlevé et fait conduire les bois sur la propriété de Frottier où ils les avaient employés à l'insu du maire. Ce système était absurde, car il fut prouvé aux débats que le transport de ces bois avait été fait par les voitures et les domestiques du maire, et par ses ordres, et c'est parce que ce fait fut prouvé que les domestiques furent renvoyés de la plainte et mis hors de cause. Le maire ne pouvait donc ignorer que les bois dont il s'agit provenaient des bois de la commune, indice suffisant pour établir que les charpentiers avaient agi ainsi que les domestiques par les ordres de Frottier. Quant aux deux gardes des bois communaux, ils firent défaut et laissèrent, ainsi que les charpentiers, acquérir à ce jugement l'autorité de la chose jugée ; en s'abstenant d'en rappeler ou d'y former opposition, ils exécutèrent le jugement.

Les deux charpentiers et les deux gardes n'étaient ni les uns ni les autres en état de payer le montant des condamnations prononcées contre eux, et l'on a expliqué leur système de défense, leur silence et leur empressement à se soumettre au jugement du mois d'octobre, par une convention préexistante entre Frottier et les quatre condamnés ; par cette convention, Frottier se serait engagé envers eux à payer lui-même de ses propres deniers, non seulement le montant des condamnations, mais encore de les indemniser pour le temps qu'ils devaient faire en prison. L'indemnité aux charpentiers aurait été fixée au paiement de leurs journées de travail qui, dans le pays est de 2 fr. à 3 fr. par jour et par ouvrier; et en outre pour les deux gardes, à chacun, une somme de 3,000 fr. pour les indemniser de la perte de leurs places de gardes forestiers, qui était en effet la conséquence inévitable de leur condamnation.

Quoi qu'il en soit, Messieurs, de l'opinion que je rapporte, et qui n'en est pas moins accréditée et fondée sur des faits qui paraissent concluans, surtout sur l'impossibilité où étaient les quatre condamnés de payer le montant des condamnations, opinion que je ne rapporte ici que pour ce qu'elle vaut, et sans aucune garantie de ma part. Les faits constatés judiciairement sont : 1° que les bois coupés dans la commune de Varzy, en août 1824, ont été transportés par les voitures et les domestiques de Frottier, maire de cette commune, sur l'une de ses propriétés; 2° que les domestiques de ce maire ont été renvoyés de la plainte et mis hors de cause comme ayant agi par les ordres de ce maire; 3° que les deux charpentiers et les deux gardes ont été condamnés à l'emprisonnement et à une forte amende, etc.; 4° que les condamnés ont subi le jugement sans opposition et sans appel; 5° que la réserve du procureur du roi de poursuivre le maire de Varzy est restée sans effet : et l'on en donne pour motif le succès des démarches faites près le ministère Villèle, par MM. Dupin père, sous-préfet de Clamecy, et Dupin aîné, avocat à Paris.

Ce qui donne à l'opinion publique, sur les faits non constatés, toute l'apparence de la vérité, c'est que ni M. Frottier, ni M. Dupin ne peuvent ignorer rien de ce qui se dit à cet égard, et que je ne sache pas que ni MM. Dupin, ni M. Frottier se soient jamais occupés d'y donner un démenti, et qu'ils ont laissé jusqu'ici à la rumeur publique suivre son cours naturel.

Messieurs, si je suis entré dans tous ces détails de l'affaire des bois de Varzy, c'est qu'alors même que l'opinion publique se serait égarée sur les causes qui auront arrêté la marche de la procédure que l'administration forestière et le ministère public s'étaient réservée, par le jugement précité, d'intenter contre le sieur Frottier, comme principal auteur du délit forestier, une action correctionnelle, cette opinion était si puissante, et d'ailleurs si vraisemblable, que les incendiés ont pensé et ont dû penser que si, sous le ministère Villèle, l'administration forestière et le ministère public ont échoué pour obtenir l'autorisation du conseil d'état; eux, incendiés pauvres et sans appui, succomberaient à plus forte raison contre le père Dupin, sous-préfet de Clamecy, et ses trois fils, demeurant à Paris, où ils exerçaient toute l'influence de leur talent et de leur fortune, d'autant plus que l'opinion publique les a affiliés à tort ou à raison aux jésuites.

Tels sont, Messieurs, les motifs qui ont déterminé les incendiés à suspendre leurs poursuites jusqu'à ce jour, et à attendre un temps meilleur. Ils espèrent aujourd'hui que le jour de la justice se lèvera enfin pour eux.

Avant d'arriver à ma conclusion, Messieurs, je dois vous citer encore un fait judiciaire qui mettra dans tout son jour le système de persécution qui me poursuit dans l'arrondissement de Clamecy,

surtout depuis que j'ai cédé aux prières de mes domestiques, de prendre leur défense et de leur faire
obtenir la justice que je pense leur être due.

Dans leur cause, il avait été jugé par le tribunal
de Clamecy, comme il le fut à Bourges, qu'une
autorisation du conseil d'état était nécessaire. Je
chargeai l'huissier Langlois, du canton de Varzy, de
former l'acte d'appel de ce jugement. Deux jours
après, cet huissier vint dans mon cabinet, où j'étais
seul avec mon secrétaire, et il me dit que le receveur de l'enregistrement de Varzy lui demandait
231 francs pour enregistrer l'original. Je lui ob-
servai que cela n'était pas possible, puisqu'il n'y
avait que trois intimés, et qu'il n'était dû que trois
droits ordinaires qui ensemble ne pouvaient excé-
der 9 ou 10 francs. « Dans tous les cas, ajoutai-je,
rapportez-moi l'original, et je vous rembourserai
l'enregistrement tel qu'il soit. Cet huissier savait
que le dossier de la cause était dans mon cabinet,
et il me le demande en communication ; ce que je
fais sans méfiance. Mais, au lieu de me le rendre,
il le met dans sa poche. Je lui en fis l'observation,
et je l'invitai à me le rendre. J'eus alors besoin de
sortir, et je laissai l'huissier dans mon cabinet avec
mon secrétaire. Pendant ma courte absence, l'huissier avait ouvert la fenêtre de mon cabinet, qui est
de douze pieds au-dessus du sol, s'était précipité
dans mon jardin, et avait emporté mon dossier.
J'écrivis à M. le juge de paix pour qu'il me le fit
rendre. Ce magistrat me répondit sur-le-champ
que cela regardait le procureur du roi. J'écrivis au
procureur du roi non pas pour me plaindre, mais

simplement pour réclamer mon dossier, et, en effet, il me fut rendu le dimanche suivant avec l'original de l'appel, qui n'avait pas coûté 231 francs
d'enregistrement, mais 11 francs seulement. Sur
cette lettre assurément très innocente, et motivée
sur le besoin que j'avais de ce dossier, le procureur du roi me fait un procès qui sera toujours la
honte des juges de cette époque.

J'étais si convaincu que ce nouveau procès était
tout à la fois un acte d'iniquité, un acte de haine,
que je résolus d'abord de ne point aller à l'audience
et de me laisser condamner par défaut. J'en fis la
déclaration positive dans le mémoire imprimé dont
un exemplaire ci-joint, et dont je couvris tout le
département; mais mes amis me firent revenir sur
ma résolution, en me disant que mes adversaires,
aveuglés comme ils l'étaient par la haine et la passion, feraient nécessairement quelques grosses sot-
tises qui mettraient cette haine et cette passion
dans toute son évidence. Ce que mes amis avaient
prévu ne manqua pas d'arriver.

D'abord je remarquai que la gendarmerie en
grande tenue était commandée de service, ainsi
que le commissaire de police qui se tenait toujours
près de moi. Je n'entrai dans la salle des séances
qu'alors qu'on vint me prévenir que ma cause était
appelée, et je me plaçai à côté de mon avocat. Deux
gendarmes, qui m'avaient suivi du dehors, vinrent
se placer derrière moi et dans le couloir par lequel
les avocats et les avoués arrivent dans leurs bancs,
et la porte d'entrée fut fermée. En outre, je remarquai des signes d'intelligence entre le procureur

du roi, et les gendarmes, et le commissaire de police qui était aussi derrière moi. J'étais donc gardé à vue; ma défense était donc sans liberté. Mais ce qui fixa tout-à-fait mon opinion sur le sort qu'on me réservait, c'est que le tribunal, pour se compléter, avait pris pour troisième juge un avocat du barreau de Clamecy, neveu du père Dupin, cousin-germain des trois Dupin, et que tout Clamecy dit avoir commandé les quarante individus qui, dans la nuit du 17 au 18 février 1816, avaient forcé en armes, à deux heures du matin, l'auberge Bourbon où j'étais couché et malade, et qui, introduits dans la maison, demandèrent à l'aubergiste où était ma chambre; ce que l'aubergiste refusa de dire. Quatre individus de la bande s'étaient mis en mesure de parcourir la maison. Les cris de l'aubergiste épouvantèrent ces *braves* d'une nouvelle espèce, et les cris d'une femme les mirent tous en déroute.

L'individu qui à Clamecy est considéré comme le chef de ces braves se nomme Tenaille l'avocat, le cousin-germain de M. Dupin aîné, le même que M. Dupin aîné avait nommé sous-préfet, d'abord à Château-Chinon, puis à Clamecy. Mais l'opinion publique fut si indignée de ces deux nominations successives, que Tenaille n'osa pas venir occuper l'une ou l'autre sous-préfecture (1). En conscience, je ne pouvais pas accepter pour juge le neveu de

(1) Lorsque les journaux annoncèrent que M. Tenaille l'avocat était nommé sous-préfet de Clamecy, toute la population décida qu'elle irait tous les jours au-devant de la voiture publique, qu'elle forcerait ce Tenaille à donner sa démission, et que, s'il s'y refusait, l'entrée de la ville lui serait fermée. Et M. Tenaille est resté à Paris.

M. Dupin, parce que j'ai la conviction que Langlois en prenant mon dossier dans mon cabinet, et en s'enfuyant avec par la fenêtre, n'avait pas agi de son propre mouvement; il n'avait aucun intérêt personnel dans l'affaire; il avait au contraire un intérêt positif à conserver ma clientelle qu'il sollicitait depuis trois mois, que je lui avais accordée. En raison de mes grandes affaires d'agriculture et de commerce, elle est certainement l'une des meilleures et des plus sûres du canton de Varzy.

Il n'en est pas de même de M. Dupin père qui passe pour l'un des plus habiles praticiens de l'Europe, et la preuve qu'il est habile, c'est qu'il a aujourd'hui cinquante années de fonction publique, sans avoir jamais quitté la scène, et que ses trois fils disent qu'il a été leur premier maître, comme ils l'ont annoncé publiquement dans plusieurs de leurs ouvrages et dans plusieurs de leurs discours. Si donc M. Dupin père avait pu m'escamoter, par les mains de l'huissier Langlois, et sans que je m'en aperçusse, le dossier de mes domestiques incendiés, c'eût été un incident, d'abord interminable dans l'affaire; je n'aurais pas pu prouver que mon dossier m'avait été volé : plus de possibilité de continuer les poursuites; mais ce qu'il y avait de plus grave dans l'affaire, c'est que les délais pour l'appel expiraient dans quelques jours, et que, selon toute probabilité, cet appel n'aurait pu être formé, et dès lors

Dupin aîné l'a envoyé depuis receveur des finances à Thionville où il est maintenant, et la Nièvre en est débarrassée. J'avertis cependant le ministère que je trouve M. Tenaille un peu trop près des alliés de Henri v.

le jugement de Clamecy qui condamnait les incendiés contradictoirement sur la compétence, et par défaut au fond, devenait définitif, et mes malheureux incendiés se trouvaient privés des bienfaits de la charité publique, et tout restait entre les mains de Dupin père et consorts.

Le prétexte de Langlois pour venir dans mon cabinet, dans la matinée du 15 mars, lui fut nécessairement suggéré, et il est impossible que ce prétexte lui ait été suggéré par aucun autre que par celui à qui il importait, par dessus tout, que le dossier disparût : *is fecit, cui prodest.* C'est là un axiome de droit incontestable. Or, je le répète, Langlois n'avait aucun intérêt, il avait un intérêt contraire; mais le vieux praticien Dupin avait un intérêt positif à ce que mon dossier me fût enlevé. Donc c'est lui qui l'a fait enlever, et qu'il a eu pour complices de cette manœuvre infernale les procureurs du jésuitisme sous l'empire de la légitimité, parmi lesquels il faut distinguer un nommé Pérève, ami des avocats Dupin, fils du juge d'instruction de Cosne, ami du père Dupin et praticien comme lui; et si le père Pérève ressemble au père Dupin, le fils Pérève, que l'on a baptisé le Fouquier-Tainville de Clamecy, a bien aussi quelques analogies avec les trois fils Dupin.

Mais, Messieurs, j'ai encore d'autres considérations morales qui vous convaincront, je l'espère, que ce sont bien MM. Dupin et Pérève qui ont fait agir Langlois. La première de toutes, c'est que M. Pérève, procureur du roi à Clamecy, fit une apparence d'instruction contre Langlois en vertu de ma lettre du 15 mars, qui n'avait d'autre but que de réclamer le dossier enlevé et nullement de porter plainte contre Langlois, encore moins de demander une instruction judiciaire; en un mot et pour tout dire, que l'on me rendît le dossier des incendiés. Ma lettre, que je vous remets sous les yeux est textuelle à cet égard : l'apparence d'instruction requise par Pérève n'avait donc d'autre but que d'obtenir une ordonnance de non lieu à poursuivre, et cette ordonnance obtenue, me voilà cité devant le tribunal comme calomniateur, sans que cette ordonnance m'ait été communiquée ou signifiée, sans que je sache même les témoins qui ont été entendus, à l'exception de mes domestiques, de ma femme et de moi; enfin sans que je sache les détails de cette procédure faite dans les ténèbres.

La justice de ce temps-là croyait qu'on pouvait égorger un homme impunément dans son lit. A l'audience dont je parlais tout à l'heure, et où j'étais gardé à vue par la gendarmerie et le commissaire de police, je me proposais bien, avant de plaider au fond, de demander communication de cette singulière procédure; et si je n'ai pas dit un mot à cette audience, c'est que j'avais acquis la certitude que le tribunal aurait profité de mes moyens mêmes de défense pour me faire arrêter dans l'intérieur de l'audience et me faire conduire ignominieusement en prison par les forces mêmes qu'ils avaient préparées à cet effet. C'est dans ce but qu'on avait appelé, pour mon troisième juge, l'avocat Tenaille, neveu et cousin des Dupin. Toute la clique avait pensé que je récu-

serais ce juge postiche en face. La clique aurait
considéré cela comme une irrévérence, manque
de respect, insulte au tribunal, et j'étais coffré
sur-le-champ, nonobstant appel ou opposition,
comme il arriva jadis au bailliage de Saint-Pierre-
le-Moutier, autre ville de la Nièvre, célèbre
pour ce fait. Un habitant du pays fut pendu, nonobstant appel ou opposition quelconque. Cela
n'eût pas été étonnant; il y a maintenant environ
vingt-six ans que l'inspecteur forestier de l'arrondissement de Clamecy fut condamné à quinze jours
de prison qu'il a subis pour avoir écrit sur le dos
d'une lettre : RENVOYÉ A SON AUTEUR, JE NE VEUX PAS
OUVRIR. Cette lettre était écrite comme on l'a su
depuis par l'oncle de M. Dupin aîné; et cette misérable affaire, qui avait une cause si minime et si
innocente, n'en a pas moins coûté, outre les quinze
jours de prison, 10,000 francs d'amendes et de frais
au plus honnête homme de l'arrondissement de
Clamecy; et cet honnête homme, chose si rare
parmi les fonctionnaires publics, s'appelait Chevallier de la Genissière; le fait est constaté au greffe
du tribunal de Clamecy dont l'oncle de M. Dupin
était alors greffier.

Je suis sûr du fait, car c'est moi-même qui ai
fait les fonds nécessaires pour éviter à M. Chevallier
la prison indéfinie à laquelle un arrêt de la cour
royale de Paris, sous la présidence de Séguier,
l'avait condamné en cas de non paiement.

Et le beau-frère de Dupin père est resté impuni.
C'est le cas de dire avec Jeannot : QUE CE SONT LES
BATTUS QUI PAYENT L'AMENDE.

Je cite ce fait judiciaire et j'en pourrais citer mille et mille autres, parce que M. Chevallier est né à Saint-Pierre-le-Moutier. Telle est la justice qui exerce sa puissance sous la direction de MM. Dupin ; je n'appelle pas cela de la *justice*, j'appelle cela de la tyrannie dans toute sa force. Je vais plus loin : les trois juges du tribunal de Clamecy ont été convaincus devant la cour de Bourges de prévarications énormes. La cour de Bourges avec sa mansuétude ordinaire se contenta de censurer avec des modifications pour chacun des juges les actes de friponnerie judiciaires les plus incompréhensibles (1), qui ont donné au neveu du président de ce tribunal, arrivé nu-pieds à Clamecy, dans son exercice d'avoué de huit à dix ans, 50,000 livres de rentes et les plus belles propriétés de l'arrondissement, mais qui ont aussi ruiné mademoiselle Lardemelle ma voisine, propriétaire de la plus belle terre du département de la Nièvre. Cette demoiselle, qui est ma voisine de campagne, habite maintenant une chaumière, et y vit à peu près des secours de la bienveillance publique.

Les MM. Dupin père et fils savent très bien que le père de cette demoiselle fut guillotiné le 27 ventôse an II, que le père Dupin était témoin à charge devant le tribunal révolutionnaire, et que douze habitans de Clamecy furent condamnés à mort. On aurait peut-être pardonné aux fils Dupin la conduite de leur père en 93 et 94 ; mais ils ont assumé sur leur tête par leur conduite morale et politique tout ce qu'il y a de honteux, oserais-je dire

(1) A cet égard voir l'arrêt.

de criminel dans la conduite de l'auteur de leurs jours. Je le dis à regret : ils sont devenus, à mes yeux, les complices de l'assassinat de mon oncle ; je les considère aussi comme les auteurs de quatre tentatives d'assassinat faites sur ma personne et sur ma famille. Je les défie ici devant vous, Messieurs, de nier les faits. La lumière ne sortira point de la cave de M. Dupin, mais elle sortira de la terre qui couvre les cendres de ma famille.

Messieurs, je somme ici devant vous, devant la France, devant l'Europe, devant l'histoire, si jamais le nom Dupin peut aller jusque là, tous les Dupin du monde de répondre aux treize questions de mon pamphlet électoral, et lorsque ces treize questions seront répondues, j'en ferai treize autres à MM. Dupin. Ce chiffre est heureux; c'est le chiffre de la trahison; et tous les traîtres n'étaient pas en Judée. Mais ils ont des successeurs qui vendraient leur pays pour trente oboles. Les Dupin sont-ils dans ce cas-là? C'est ma quatorzième question.

Messieurs, excusez le désordre de mon style, en ce que je me suis trouvé forcé de me servir d'une langue qui n'est pas la mienne, ou autrement, de la langue des avocats. Je ne suis pas cause que cette langue, comme le disait l'auteur de *Charles IX*, est la langue de la barbarie. Je pense cependant que Mercier avait assez d'esprit et assez d'érudition pour connaître une langue encore plus barbare; il aurait pu choisir entre celle des médecins et celle des théologiens.

Comme pièce à l'appui de cette pétition, je vous remets ci-joint l'arrêt de la cour de Bourges, du

28 août 1827; si vous pouvez le lire seulement, vous aurez bien mérité de la patrie.

Je vous le demande, Messieurs! si le père Dupin avait eu ses mains nettes, se serait-il couvert de ce manteau de l'impunité, consacré par la constitution de l'an viii? n'aurait-il pas dû, s'il était homme d'honneur, venir de lui-même rendre compte aux incendiés du mandat qu'il s'était donné? Ce n'était pas seulement un devoir qu'il avait à remplir : il faut encore qu'il rende ses comptes par la raison de la morale publique; il faut qu'il les rende, sous peine de passer toujours pour un fripon. J'invoque ici, devant vous, le Décalogue : NON FURABERIS; TU NE VOLERAS POINT.

CONCLUSION.

Je vous demande en mon nom personnel, et au nom des sept incendiés dont je suis le mandataire, une loi qui abolisse à toujours, en France, l'article de la constitution de l'an viii, qui a rendu tous les fonctionnaires publics *impunissables*, afin que M. Dupin père soit puni de la SPOLIATION des valeurs qui appartenaient à mes domestiques.

La chose est devenue tout-à-fait nécessaire! J'en donne une preuve évidente. Au mois de novembre dernier, j'étais chez le sous-préfet de Clamecy; ce sous-préfet se nomme Delamarre, et c'est M. Dupin qui nous en a gratifié : je lui fesais très tranquillement quelques observations sur sa conduite administrative : il me saisit au collet, ou autrement il *m'empoigna*, en me disant : Je vous f......i par la fenêtre : VOUS ÊTES UN LACHE. Toute l'Europe militaire sait pourtant que cela n'est pas vrai ; et ce propos, qui ne peut sortir que de la bouche d'un polisson, doit vous convaincre, Messieurs, dans quel esprit, les MM. Dupin ont organisé nos autorités locales, et ce propos d'un polisson, m'a été dit en présence de dix personnes. *Ab uno disce omnes*, et vous les connaîtrez tous.

Je vous demande donc encore une fois une LOI qui mette mes cheveux blancs à l'abri de pareilles injures, et qui me préserve aussi des coups de pieds du *juste milieu* ; j'aimerais mieux ceux de l'âne dans le *Lion mourant* de notre incomparable La Fontaine.

Outre l'arrêt de la cour de Bourges que je vous remets en forme authentiques, je vous remets sous les n° 1, 2, 3, 4, 5, 6, 7, 8 et 9, plusieurs imprimés, que je défie les MM. Dupin d'attaquer, par la raison que, malgré les réquisitoires du ministère public, les juges, même, du jésuitime, ont cependant maintenu, et malgré tout le talent des avocats Dupin.

Le lieutenant-général ALLIX,

Fondé de pouvoirs de ses domestiques incendiés.

DE

LA TYRANNIE.

DE

LA TYRANNIE.

LIVRE PREMIER.

A LA LIBERTÉ.

*Impunè quælibet facere, id est
regem esse.*

SALL. De Bello Jug.

C'est l'usage : c'est aux dépositaires du pouvoir
que l'on dédie les ouvrages et les travaux de l'esprit.
Les auteurs en espèrent de la renommée, de la protection ou de l'argent. Ce n'est pas, ô DIVINE LIBERTÉ,
que ton feu cuisant soit amorti dans tous les cœurs
de notre époque ; un grand nombre de tes adorateurs
ont essayé de défendre tes droits les plus sacrés,
tes droits impérissables. Mais leurs écrits, à qui
il ne manque qu'une volonté plus forte, plus en-

tière, plus pleine, portent presque toujours sur
leur frontispice le nom d'un prince ou de quelqu'un
de ses satellites, et toujours d'une manière quelconque le nom de l'un de tes plus cruels ennemis
naturels. Il n'est donc pas étonnant, ô DIVINE LI-
BERTÉ, que tu aies dédaigné jusqu'ici de jeter un
regard de bienveillance sur les peuples modernes,
et d'accorder ta puissante protection à quelques
vérités éparses dans des écrits souillés par la flatterie,
et que la crainte avait enveloppés dans des expressions obscures et ambiguës.

Moi, qui ne me propose pas d'écrire sous de tels
auspices; moi, qui jusqu'ici n'ai pas écrit, parce que
le malheureux temps où je vis me l'a défendu;
moi, qui, dès que l'occasion ou une nécessité quelconque s'en présenterait, abandonnerais tout sur-
le-champ, même ma plume, pour combattre
l'épée à la main sous tes nobles étendards, c'est à
toi, DIVINE LIBERTÉ, que j'adresse cet écrit. Protége-le!
je n'y déployerai pas une fastueuse éloquence. Je
le voudrais sans doute en vain : j'y déployerai encore
moins d'érudition; je n'en ai point acquis. Mais je
ferai tous mes efforts pour présenter les pensées
qui m'agitent avec méthode, précision, simplicité
et clarté, pour développer les vérités que le simple
bon sens a développées en moi et qu'il indique à ma
raison; enfin pour mettre au jour ces brûlans désirs que je tiens renfermés depuis ma plus tendre
enfance dans mon ardente poitrine.

Cependant je dois le dire : ce petit ouvrage, conçu
dans ma plus tendre jeunesse, est le premier de

tous; il a été conçu avant aucun de mes nombreux ouvrages; je ne balance pas dans un âge plus mûr, après toutefois l'avoir corrigé, de le publier comme étant mon dernier. Je ne me trouverais pas peut-être aujourd'hui le courage, ou pour mieux dire, cette ardeur de conception que j'avais dans ma jeunesse, mais il me reste encore assez de jugement pour l'approuver, et pour mettre par sa publication un terme définitif à mes productions littéraires.

CHAPITRE I.

QU'ENTEND-ON PAR TYRAN?

Si l'on voulait définir les choses par les noms, ce serait croire, ou prétendre qu'elles seraient inaltérables et durables comme les noms : évidemment c'est ce qui n'a jamais été. L'ami de la vérité doit donc toujours définir les noms par les choses qui les représentent, mais les choses varient en tous temps, en tous lieux; donc aucune définition ne peut être plus permanente qu'elles. Mais toute définition sera exacte toutes les fois qu'elle représentera avec exactitude les choses sous le nom qu'elles

avaient dans tel temps et dans tel lieu; donc,
ceci admis. Je l'avais placée en tête de ce chapitre,
mais dans un autre ouvrage écrit depuis celui-ci et
publié avant lui; j'ai eu besoin de définir LE PRINCE,
et sans m'en apercevoir, je me suis volé à moi-
même ma définition du tyran. Ainsi, pour ne point
me répéter, je l'omettrai ici en partie, et je n'y
ajouterai que ce qui est indispensable à l'intelligence de cet ouvrage, tout-à-fait différent de celui
du PRINCE et des LETTRES, quoique tous deux tendent à un seul et même but d'utilité: la recherche
de la vérité et sa publication.

TYRAN, c'est sous ce nom que les Grecs, hommes
libres, désignaient ceux que nous appelons ROIS et
tous ceux qui, ou par la force, ou par fraude, ou
par la volonté du peuple, ou des grands, obtenaient
le pouvoir absolu et se croyaient ou étaient au-
dessus des lois; tous, chez les anciens Grecs, s'appelaient indifféremment ou rois ou tyrans.

Avec le temps, de telles dénominations devinrent
exécrables; et cela devait être ainsi, en sorte qu'aujourd'hui ces mêmes princes, qui exercent la tyrannie
dans toute sa fureur, sont offensés d'être appelés
tyrans. Cette confusion des noms et des choses a
établi une différence entre nous et les anciens.
Chez eux, Titus, Trajan et d'autres princes plus
rares encore, si la chose est possible, pouvaient très
bien s'appeler TYRANS, et chez nous, un NÉRON,
un HENRI VIII, ou tels autres monstres modernes
semblables qui puissent être comparés aux anciens,
s'appelleraient un prince légitime *ou roi*. Tel est

l'aveuglement du vulgaire moderne! nous avons tant de facilité à nous laisser tromper par de simples noms que nous nous réjouissons d'avoir des tyrans sous la dénomination de rois et que nous plaignons l'antiquité de s'être trouvée dans la nécessité de les supporter.

Chez les nations modernes, on n'appelle donc plus tyrans (encore est-ce tout bas et en tremblant) que ces princes qui, sans formalité aucune, ôtent à ce qu'ils appellent leurs sujets, la vie, les biens et l'honneur. Au contraire, les modernes appellent ROIS OU PRINCES, ces tyrans qui, pouvant disposer de toutes ces choses à leur fantaisie, les laissent néanmoins à leurs sujets, ou au moins ne les leur enlèvent que sous une apparence quelconque de justice; enfin chez les modernes, ces tyrans ou rois sont réputés justes et bienfesans, lorsque, pouvant enlever à chacun tout ce qui lui appartient avec certitude d'impunité, s'ils lui en laissent cependant une partie, la chose est considérée comme un bienfait.

La nature même des choses nous fournit une distinction plus exacte. La dénomination de tyrans, étant la plus odieuse de toutes, ne doit se donner qu'à ceux qui ont (qu'ils soient rois, princes ou simples citoyens) le pouvoir de nuire à autrui avec certitude d'impunité, n'importe comment ils ont obtenu ce pouvoir; dès qu'ils ont la faculté de nuire, ce sont des TYRANS; alors même qu'ils n'en abuseraient pas, leur position est par elle-même tellement absurde, tellement contre nature, qu'aucune dénomination odieuse et infame ne peut les rendre assez odieux à l'espèce humaine. La dénomination de roi, au contraire, jusqu'ici moins exécrée que celle de tyran, se donnerait à ceux qui, soumis aux lois et moins puissans qu'elles, ne sont dans une société donnée que les premiers, les seuls et légitimes exécuteurs des lois établies.

Une fois cette distinction simple et nécessaire admise dans toute l'Europe, on y verrait renaître une autre aurore de la liberté; il est vrai que rien n'est stable parmi l'humanité : la sagesse l'a dit depuis long-temps. La liberté penche toujours vers la licence, et finalement elle se perd dans l'esclavage; de même la royauté penche toujours vers la tyrannie; elle devrait donc se terminer par la liberté. Je jette les yeux sur toute l'Europe : j'y vois partout des figures d'esclaves; mais comme il est impossible que la roue de l'oppression universelle s'élève à un plus haut degré, malgré qu'elle paraisse s'être fixée, et rester immobile en faveur de la tyrannie, croyons, espérons que le moment n'est pas éloigné où la liberté du monde succédera bientôt à l'esclavage universel.

··

CHAPITRE II.

Q'ENTEND-ON PAR TYRANNIE?

On doit appeler indistinctement tyrannie tout gouvernement où celui qui est préposé à l'exécution des lois, peut les faire, les détruire, les violer, les interpréter, les entraver, les suspendre, ou seulement les éluder avec certitude d'impunité. Ainsi, que ce violateur des lois soit héréditaire ou électif, usurpateur ou légitime, seul ou plusieurs, n'importe; quiconque a assez de force pour agir ainsi, c'est un tyran; toute société qui l'admet est tyrannie, et tout peuple qui le souffre est esclave.

Réciproquement est encore tyrannique tout gouvernement où la puissance législative peut elle-même exécuter les lois; sur quoi je dois observer que les lois, *je veux dire ces contrats sociaux, solennels et réciproques,* ne doivent être que l'expression de la volonté de la majorité, recueillie par la voix des mandataires du peuple librement élus. Lors donc que ces élus, qui n'ont d'autre mission que de transformer en lois la volonté générale, peuvent aussi les exécuter à leur gré, ils deviennent TYRANS eux-mêmes, car leur seule fonction est d'interpréter les lois, de les anéantir, et non pas de les exécuter. Ainsi la différence entre la tyrannie et un gouvernement juste et libre ne consiste pas (quoiqu'en puisse dire la folie et la ruse) en ce qu'il y ait, ou qu'il n'y ait pas des lois établies, mais bien en ce qu'il y ait impossibilité absolue de ne pas les exécuter.

Donc, non seulement tout gouvernement est tyrannique dès que la puissance législative exécute les lois, ou que le pouvoir exécutif les fait, mais la tyrannie est pleine, entière dans tout gouvernement où le pouvoir exécutif ne rend pas compte à la puissance législative de l'exécution des lois.

Il y a un très grand nombre de tyrannies; toutes, sous différens noms, tendent toujours aux mêmes fins. Je n'entreprendrai pas de les distinguer entre elles, et encore moins de les distinguer des différentes espèces de gouvernemens justes et modérés.

La tyrannie d'un seul est-elle plus ou moins supportable que celle de plusieurs? La question est très problématique; pour le moment je la laisserai de côté. Je suis né, et j'ai été élevé sous la tyrannie d'un seul. C'est l'espèce la plus commune en Europe. J'en parlerai donc plus volontiers, avec plus de connaissance de cause, et aussi, peut-être, avec plus de profit pour mes si nombreux compagnons d'esclavage. Seulement j'observerai, en passant, que la tyrannie exercée par plusieurs, qui, par sa nature, est beaucoup plus durable, comme le prouve

la tyrannie vénitienne, paraît néanmoins beaucoup
moins dure, beaucoup moins terrible à ceux qui
la supportent, que la tyrannie d'un seul. J'en attribue la raison à la nature même de l'homme ; sa
haine partagée contre plusieurs en devient moindre,
comme aussi la crainte que plusieurs tyrans inspirent n'est jamais égale à celle inspirée par un
seul tyran ; enfin, plusieurs peuvent bien être continuellement les injustes oppresseurs de l'universalité de leurs sujets, mais aucun ne l'est jamais
par un motif privé et particulier des individus.
Dans ces sortes de gouvernemens où la tyrannie
est confiée à un nombre plus ou moins grand de
personnes; gouvernemens que la corruption de
notre époque, qui a changé la valeur des mots et
dénaturé toute idée, a fait appeler RÉPUBLIQUE; dans
ces gouvernemens, dis-je, le peuple n'est pas moins
esclave que sous la tyrannie d'un seul, mais il y
jouit néanmoins d'une certaine apparence de LI-
BERTÉ, et il ose en prononcer le mot sans crime ;
tant il est vrai qu'un peuple corrompu, ignorant
et esclave se contente de la seule apparence.

J'en reviens à la tyrannie d'un seul, et je dis
qu'il en est de plusieurs espèces. Elle peut être héréditaire, ou même élective ; de cette dernière espèce se trouve, parmi les modernes, le pontificat
romain, et plusieurs autres états de l'Église ; sous de
telles tyrannies, le peuple arrive au dernier degré
de la stupidité politique, voit, à chaque instant, par
la mort du tyran célibataire, retomber en ses mains
sa propre liberté qu'il ne connaît pas, et dont il n'a

aucun souci (1). Ainsi il se la voit arracher aussitôt
par quelques individus qui lui créent un autre tyran qui a presque toujours tous les vices des tyrans
héréditaires, et n'a pas, comme eux, une force suf-
fisante pour contraindre ses sujets à supporter la
tyrannie. Cette espèce est tombée en partage à
un très petit nombre d'hommes que leur lâcheté
excessive rend indignes de s'appeler hommes : je
n'en parlerai point.

Je n'entends parler désormais que de cette tyrannie héréditaire, qui, depuis un si grand nombre
de siècles, est plus ou moins enracinée dans les différentes parties du globe, et à qui la liberté naissante
n'a jamais fait éprouver que des pertes passagères
et momentanées ; qui n'a jamais été détruite, ou n'a
été détruite que par une autre tyrannie. C'est dans
cette catégorie que je classe tous les gouvernemens
de l'Europe, excepté toutefois jusqu'ici le gouvernement anglais (2) ; j'en excepterais encore la Pologne, si quelques unes de ses provinces parvenaient
à se soustraire au démembrement, et que, persistant
à vouloir avoir des esclaves et s'appeler RÉPUBLIQUE,
ce fussent les nobles qui seraient soumis à l'esclavage, et le peuple libre.

Monarchie est le nom méticuleux que l'ignorance, la flatterie et la crainte ont donné et donnent à la tyrannie ! Pour démontrer l'insuffisance

(1) Ignoti nulla cupido. (*Observation du Traducteur.*)
(2) Cet ouvrage a été écrit en 1777. La France était alors plongée
dans le plus profond sommeil. (*Note de l'Auteur.*)

de cette dénomination, il me suffira d'expliquer
la valeur de ce mot. Ou par monarchie, on entend
l'autorité exclusive et absolue d'un seul, et dans
ce cas, monarchie est le synonyme de tyrannie;
ou bien, par monarchie, on entend l'autorité d'un
seul soumis à des lois, qui, pour soutenir leur
autorité et leur force, doivent nécessairement avoir
une autorité effective égale pour le moins à la force
et à l'autorité du monarque, et dès le moment qu'il
existe dans un état deux autorités qui se font équi-
libre, il est évident qu'un tel gouvernement n'est
plus monarchique, n'est plus le gouvernement d'un
seul, car ce mot grec ne signifie rien autre chose
que le gouvernement d'un seul. On sous-entend
avec les lois, parce qu'aucune société n'existe sans
lois telles quelles. Mais on sous-entend encore
mieux l'autorité d'un seul au-dessus des lois, parce
qu'il ne peut y avoir de monarque là où il existe
une autorité plus grande ou égale à la sienne.

Je le demande donc : « quelle est la différence
» entre le gouvernement et l'autorité d'un seul,
» sous la tyrannie, et le gouvernement d'un seul,
» sous la monarchie? On me répond : que cette
» différence est dans l'abus. Je réplique : mais qui
» peut mettre un frein à cet abus? Les lois, ajoute-
» t-on. Je réplique de nouveau : les lois ont-elles
» par elles-mêmes une force et une autorité indé-
» pendante de l'autorité et de la force du monarque?
» Personne ne me répond, et personne ne peut me
» répondre. » L'autorité de ces prétendues lois,
fussent-elles même divines, devient impuissante

contre le pouvoir d'un seul, qui dispose de la force les armes à la main; et toutes les fois que le monarque se trouve en désaccord avec elles, que deviendront-elles, faibles et sans armes, contre le pouvoir absolu et armé du monarque? Elles succomberont, et c'est en effet ce qui se voit tous les jours; mais dès que l'on admet dans un état une force réelle et légale qui a pouvoir de faire, de défendre et de maintenir les lois, il devient évident qu'un tel pouvoir n'est plus une *monarchie*; car dès lors le pouvoir d'un seul ne suffit plus pour faire ou révoquer la loi. C'est pourquoi cette qualification de *monarchie*, parfaitement synonyme de celle de *tyrannie*, mais moins odieuse, n'a été accordée à nos gouvernemens modernes que pour assurer aux tyrans le pouvoir absolu, pour tromper les sujets en les laissant ou en les fesant douter qu'ils fussent dans un esclavage complet.

L'opinion elle-même des rois modernes fournit une preuve continuelle des vérités que je viens d'énoncer : ils se glorifient de s'appeler monarques, et feignent d'avoir en horreur la dénomination de tyrans; mais en même temps ils considèrent beaucoup au-dessous d'eux ce petit nombre de princes ou de rois dont le pouvoir se trouve renfermé dans des limites *infranchissables*, et qui sont obligés de se soumettre aux lois et de partager leur autorité avec elles. Ces rois absolus, ou plutôt ces tyrans, savent donc très bien qu'il n'y a aucune différence entre la *monarchie* et la *tyrannie*. Plût au ciel que les peuples, qui en font tous les jours à leurs dépens la triste expérience, le sussent aussi bien !!! Les rois de l'Europe, tout en estimant seulement le pouvoir des tyrans, ne veulent qu'être monarques; les peuples, au contraire, dépouillés, avilis, opprimés par la monarchie, ont seulement pour la tyrannie une stupide horreur. Mais ce petit nombre d'hommes qui ne sont ni rois ni esclaves, si, par hasard, ils n'ont pas le même mépris pour tous les princes, pour les monarques comme tyrans, et pour les princes enclins à le devenir; ce petit nombre, dis-je, s'aperçoit, dans la hauteur de sa pensée, qu'il est tout-à-fait beaucoup plus honorable et beaucoup plus glorieux, et d'une tout autre importance, de présider, concurremment avec les lois, aux destinées d'un peuple libre, que de le soumettre à son caprice, et de le maltraiter comme un vil troupeau.

Je n'ai pas besoin de fournir d'autres preuves pour démontrer que toute monarchie soumise aux lois cesse à l'instant d'être MONARCHIE, et que toute monarchie qui n'est pas soumise aux lois est TYRANNIE. La chose est encore vraie, alors même que le monarque n'abuserait, dans aucun cas, de sa puissance : le besoin d'être court me fait passer à d'autres matières. Je parle d'ailleurs à des lecteurs qui me comprennent; je vais donc analyser la mono-tyrannie, et expliquer quels moyens elle emploie pour avoir poussé en Europe de si profondes racines, et y être, pour ainsi dire, inexpugnable.

CHAPITRE III.

DE LA PEUR.

Les Romains, ce peuple libre auquel nous ne ressemblons en rien, et qui avaient une connaissance si parfaite du cœur humain, avaient élevé un temple à la peur. Ils en avaient fait une divinité; elle avait ses prêtres et ses victimes; les cours de nos tyrans me paraissent un tableau vivant de ce culte antique, institué à toutes autres fins. Leur palais, voilà le temple; le tyran, voilà l'idole; les courtisans, voilà les sacrificateurs; notre liberté, par conséquent, la pureté de nos mœurs, la liberté de nos opinions, la vertu, le véritable honneur et nous-mêmes, voilà les victimes qui y sont chaque jour sacrifiées.

Le savant Montesquieu avance que l'honneur est la base et le ressort de la monarchie. Je ne connais pas cette monarchie fantastique, et je n'y crois pas; mais je dis et je vais prouver que la base et le ressort de la tyrannie est la peur, et la peur toute seule. D'abord j'en distingue de deux espèces tout-à-fait différentes entre elles dans leurs causes comme dans leurs effets : 1° la peur de l'opprimé, et 2° celle de l'oppresseur.

Celui-là craint, parce qu'il sait très bien que, outre ce qu'il souffre chaque jour, il n'existe aucune autre limite à ses souffrances que la volonté absolue de l'arbitraire de son oppresseur. Si un esclave pouvait raisonner, une telle crainte, une crainte si excessive, si hors de toutes limites, devrait faire naître, dans tous les cœurs, une hardie résolution de ne plus souffrir, et dès qu'une pareille résolution serait prise partout, ou par le plus grand nombre, ils mettraient aussitôt un terme définitif à toutes leurs souffrances ; mais, au contraire, cette peur continuelle et excessive augmente de plus en plus dans le cœur de l'esclave et de l'opprimé une circonspection plus grande, extrême même ; elle le détermine à une aveugle obéissance et à avoir pour le tyran un respect et une soumission poussés à un tel degré, qu'ils ne pourraient être plus grands pour Dieu même.

Mais le tyran a aussi ses craintes. La conscience les lui inspire par le sentiment de sa propre faiblesse et en même temps par le sentiment de sa force sans frein, beaucoup plus fantastique que réelle. Si le pouvoir absolu n'a pas rendu le tyran tout-à-fait stupide, il ne peut manquer de sentir dans son palais quelle haine immense son pouvoir sans limites doit exciter dans tous les cœurs.

La peur du tyran a des conséquences tout-à-fait différentes de la peur des sujets, ou plutôt elles sont les mêmes dans un sens contraire, en ce que

ni les tyrans et les peuples ne s'en corrigent, comme
la nature et la raison devraient les y déterminer :
les peuples en se refusant à se soumettre à l'arbitraire d'un seul, et les tyrans en prenant la résolution de ne plus commander par la seule force à
leurs sujets. En effet, épouvantés par leur propre
puissance toujours peu sûre, dès qu'elle est excessive, les tyrans devraient la rendre quelque peu
moins terrible, si ce n'est par des limites infranchissables, du moins en rendant le fardeau moins
pesant. Mais de la même manière que les sujets ne
deviennent pas désespérés et furieux, alors qu'ils
n'ont plus rien à perdre que leur misérable existence, de même aussi le tyran ne devient ni doux ni
humain, alors même qu'il ne lui reste autre chose
à conquérir qu'une bonne réputation et l'amour de
ses sujets. La peur et la méfiance sont les compagnons inséparables de toute force illégitime, et tout
ce qui ne connaît point de frein est illégitime ; cette
crainte et cette méfiance fascinent tellement les yeux
et l'intelligence du tyran, qu'alors même qu'il serait
doux par caractère il deviendrait forcément cruel
et tout prêt à nuire et à prévenir les effets d'une
haine qu'il sent si bien mériter. C'est pourquoi il
punit toujours de la manière la plus cruelle les plus
légères tentatives de ses sujets contre son autorité
qu'il sait excessive, et pour les punir il n'attend pas
qu'elles soient exécutées ou même entreprises, il
suffit qu'il suppose, ou seulement qu'il fasse semblant de supposer, que de telles tentatives auraient
pu être conçues.

Que ces deux espèces de PEUR existent !! il en est une démonstration facile à donner. Que chacun de nous argumente d'après sa propre expérience et sonde son propre cœur. Personne ne restera dans le doute, et la peur des sujets sera établie. Quant à la peur des tyrans, elle est assez démontrée par tous les espions, toute cette soldatesque armée, qui les garde jour et nuit.

Il est impossible de nier cette peur réciproque ! admettons-la donc, et examinons quels en doivent être les effets sur des hommes qui sont toujours tremblans. Nous parlerons d'abord de la peur des sujets, je veux dire de la nôtre, que nous devons mieux connaître; ensuite nous parlerons par ana-logie et par conjecture de la peur des tyrans. Choi-sissons sous la tyrannie ce petit nombre d'hommes à qui un caractère robuste et vigoureux, une meil-leure éducation, un courage plus élevé, autant toutefois que les temps le permettent, enfin à qui une plus grande indépendance auraient dû mieux faire apprécier la vérité et les rendre aussi beaucoup moins peureux que les autres, examinons qui ils sont, ce qu'ils peuvent, ce qu'ils doivent être, et connaissant ceux-ci, connaissant leur valeur réelle, nous en déduirons, par induction, ce que valent les autres. Ce petit nombre est certainement digne d'un meilleur sort, et il voit chaque jour les cultiva-teurs opprimés par des impôts arbitraires et soumis en tout à la vie la plus malheureuse, à une vie où la subsistance même leur manque; ce petit nombre voit qu'une partie de ces cultivateurs est arrachée

2

par force de leurs chaumières pour porter les armes,
non pas pour la patrie, mais pour ses plus cruels
ennemis et contre eux mêmes, il voit encore, ce
petit nombre, la moitié de la population des villes
réduite à la mendicité, et l'autre moitié regorger
de richesses, et toutes les deux également démora-
lisées ; il voit encore, ce petit nombre, que la justice
est VENDUE : que la vertu est méprisée, que l'es-
pionnage est récompensé, que la pauvreté est re-
putée crime; que les fonctions publiques et les
honneurs sont accordés au vice déhonté : que la
vérité est sévèrement proscrite : que la fortune,
que la vie de chacun est confiée au caprice d'un
seul homme, bien connu pour être incapable de
faire aucune espèce de bien. Ce même petit nombre
d'hommes voit encore cet homme incapable disposer,
selon son caprice, de tout son pouvoir en faveur de
quelques individus non moins incapables, et toujours
plus cruels que lui. Enfin, il voit tout cela ce petit
nombre d'hommes : il le voit chaque jour évidemment malgré l'influence de la tyrannie, et en le
voyant, c'est tout bas qu'il soupire, et il se tait :
il garde un silence absolu. Quelle en est la cause?
évidemment, c'est la peur. Sous un gouvernement
tyrannique les paroles ne sont ni plus ni moins
coupables que les actions : de la férocité de cette
maxime ne devrait-il pas résulter au moins qu'au
lieu de parler, on agisse; mais, hélas ! la crainte
empêche également l'un et l'autre.

Ainsi, si ceux-là mêmes que nous considérons
comme les plus capables et comme les moins dispo-

sés à supporter la tyrannie sont avilis à un tel point, que penser de tous les autres, sous un tel gouvernement? quel nom inventer pour les distinguer de ceux qui, dans l'antiquité, portaient à un si haut degré l'illustration de l'humanité. Nos écrivains modernes se fatiguent en vain tous les jours en disant que les temps et les circonstances ne sont plus les mêmes; mais aucun d'eux ne nous a encore appris jusqu'à quel point ces temps et ces circonstances peuvent nous dominer; jusqu'à quel point enfin on peut en étendre et en supporter la différence. D'un autre côté, les tyrans et leurs LACHES fauteurs, bien plus lâches qu'eux-mêmes, font tous leurs efforts pour nous persuader que nous ne sommes plus les hommes de cette généreuse antiquité. En effet, puisque nous sommes décidés à supporter en silence le joug de l'esclavage, il y a, pour nous, encore moins d'infamie à croire les tyrans qu'à croire les écrivains modernes.

Ainsi donc, les bons comme les méchans, les savans comme les ignorans, le philosophe comme le stupide vulgaire, le brave comme le lâche, tous, tant que nous sommes, nous tremblons devant le tyran; c'est bien là, et là seulement, que se trouve le seul ressort efficace de la tyrannie; c'est bien là, et là seulement, que se trouve le seul lien qui enchaîne les sujets avec les tyrans.

Examinons maintenant si la PEUR qu'éprouve le tyran est également le ressort de son gouvernement et le lien qui l'unit à ses sujets. Le tyran voit ordinairement les abus sans nombre de son infame

administration, et il en doit connaître les vices, les
principes destructeurs, les injustices, les dilapida-
tions et les oppressions; enfin, moins lui-même, il
doit connaître toute la gravité des maux produits
par sa tyrannie; il doit voir que les provinces dé-
solées se dépeuplent de jour en jour par des impôts
exorbitans; ce n'est pas une raison pour qu'il les
diminue : il trouve dans ces énormes impôts le
moyen d'entretenir cette énorme masse de soldats,
d'espions et de courtisans; c'est un remède tout puissant et tout-à-fait digne contre son énorme peur. Le
tyran voit encore très bien que la justice est trahie
ou vendue; que les emplois les plus honorables et
les plus importans sont exclusivement le partage des
plus scélérats : le tyran voit tout cela, et cependant il
n'y apporte jamais aucun remède. Et pourquoi donc
ne le fait-il point !... pourquoi? c'est que si les magistrats étaient des hommes justes, incorruptibles et
gens de probité, ils commenceraient par lui ôter à
lui-même tout moyen de colorer ses vengeances propres et privées sous le nom sacré de justice; de là, et
d'autres choses semblables, il résulte qu'il doit se
considérer même malgré, lui et presque sans s'en
apercevoir, comme le premier vice de l'État. Son
intelligence découvre une fausse lumière qui lui
enseigne que, si quelque idée de véritable justice ve-
nait à s'introduire dans le peuple, la première justice qui se ferait, se ferait sur lui-même, par la
raison qu'aucun homme, quelque scélérat qu'il soit,
ou puisse être, ne peut jamais porter dans une société
quelconque, tant et de si graves dommages, et à tant

d'individus, que le peut impunément chaque jour dans l'exercice de sa propre tyrannie, le tyran. Ainsi un tyran tremble au seul mot de véritable justice. La moindre lueur de sa raison le rend fou, les gens de bien l'épouvantent; il ne se croit jamais en sûreté lui-même, s'il ne confie les plus hautes fonctions à gens dévoués, c'est-à-dire, à gens vendus, pensant en aveugles d'après lui, c'est-à-dire encore, à gens beaucoup plus injustes, beaucoup plus peureux, et par conséquent beaucoup plus cruels et mille fois plus oppressifs que le tyran ne pourrait l'être lui-même.

« Mais ne peut-on trouver, me dira-t-on, un » prince qui aime l'humanité, qui abhorre le vice, » qui ne laisse triompher et qui ne récompense » que la vertu. » Je réponds, et je demande s'il peut exister un homme de bien et ami de l'humanité, qui, s'il n'est pas tout-à-fait stupide, croie ou feigne de croire que, par droit divin, il est supérieur de la manière la plus absolue, non seulement à chaque individu, mais même à la masse générale des hommes, et qui pense ne devoir, qu'à Dieu même, compte de ses actions et de lui-même? Je croirai qu'un tel être peut exister quand j'en aurai trouvé un seul exemple, qui établisse qu'un tel être a voulu réellement le bonheur des êtres semblables à lui, mais qu'il croit d'une nature inférieure à la sienne, lorsqu'il aura pris les mesures les plus efficaces pour empêcher que, dans cette société où il a seul tout le pouvoir et où les autres n'en ont aucun, son successeur, envoyé de Dieu comme lui, ne pourrait jamais exercer impunément ce pouvoir illimité qu'il savait bien certainement avoir été exercé avant lui par ses prédécesseurs, au plus grand détriment de son peuple, et qu'il savait encore certainement très bien, attendu la nature humaine, devoir être exercé de la même manière et avec la même impunité par ses successeurs.

Comment donc pourrait-on appeler BON un tel prince qui devant et pouvant faire à l'espèce humaine un si grand bien, ne le fait cependant pas? et pourquoi ne le fait-il pas? ce n'est que par la raison que ce bien diminuerait à ses héritiers ou à ses successeurs, cet horrible et illimité pouvoir qu'il a de nuire avec certitude d'impunité. Qu'on remarque en outre que, par un moyen si noble, il s'acquerrait une gloire immense qui, jusqu'à ce moment, n'a pas encore été entreprise, en échange de cet infame pouvoir de nuire qu'il aurait détruit. Cette gloire serait la plus élevée et la plus éminente que l'esprit humain pût concevoir, puisqu'elle consisterait à assurer à jamais le bonheur de tout un peuple par l'emploi des privations légitimes que le tyran s'imposerait à lui-même. Je le demande donc, quel est-ce prétendu bon prince dont la lâcheté et la peur nous parlent chaque jour? C'est un homme qui ne se croit pas homme; et en effet il ne l'est pas, si ce n'est dans un tout autre sens qu'il l'entend. C'est un être qui, peut-être, peut vouloir le bien corporel des autres, c'est-à-dire qu'ils ne soient ni nus, ni nécessiteux, mais qui, exigeant d'eux obéissance aveugle à sa seule vo-

lonté, exige nécessairement qu'ils soient tout à la
fois stupides, lâches, vicieux; en un mot, beaucoup
moins hommes que brutes. Si un prince qui possède une autorité usurpée, illégitime et sans limites
pouvait jamais être BON, quiconque raisonne pour-
rait-il avec justice lui donner, moins, la qualification de tyran qu'au plus méchant, puisque de l'un,
ou de l'autre dérivent les mêmes exécrables effets?
et quiconque connaît et apprécie la servitude ne
doit-il pas avoir l'un moins en horreur que l'autre?
Conserver, défendre à tout prix, et considérer,
comme sa plus noble prérogative, l'horrible pouvoir de nuire à tous et à chacun, n'est-il pas
toujours un crime impardonnable, alors même
que celui qui en est coupable n'en abuse point?
Et peut-on croire jamais que ce fictif bon prince
puisse être à l'abri de la peur, puisqu'il persiste par
l'emploi de la force à demeurer supérieur à la loi?
et peut-il, ce prétendu bon prince, plus que tout
autre tyran, exempter ses sujets de la peur, puisqu'ils ne peuvent jamais, à l'ombre des lois, se soustraire à aucun de ses caprices absolus qu'il intitule
du nom sacré des lois? Je crois au contraire que
le plus souvent ces tyrans, à qui la nature a donné
un caractère moins méchant, sont au contraire
précisément ceux qui causent aux peuples le plus de
dommages. En voici la preuve. Les hommes bons
supposent toujours que les autres hommes leur
ressemblent. Le plus souvent les tyrans ne connaissent point du tout les hommes pris en masse : ils
connaissent encore moins, bien certainement, ceux

qu'ils ne voient jamais, et très peu ceux qu'ils
voient. Or, il n'est pas douteux que les hommes qui
s'approchent des tyrans sont nécessairement méchans, car ceux qui sont véritablement bons fui-
ront comme un monstre la présence de tout autre
homme dont l'autorité absolue peut, non seulement leur arracher jusqu'à leur dernière dépouille,
mais encore les forcer par l'influence de l'exemple
de l'autorité, à cesser d'être bons ; d'où il résulte qu'il
n'y a que les méchans qui s'approchent du tyran
et qui se rendent, par cette fréquentation, les uns
et les autres encore plus méchans. Mais aussi lorsque les méchans s'approchent du meilleur tyran, il
font semblant d'être bons, et le trompe : cela arrive
tous les jours; en sorte que la tyrannie n'est pas
exercée, pour le plus souvent, par la personne même
du tyran; mais bien par la scélératesse de ses courtisans, qui abusent de sa puissance inique. Mais n'importe par qui la tyrannie soit exercée, les sujets éprouvent toujours la même servitude, et même plus
durement, en général, sous un tyran bon ; quoique
quelquefois elle soit moins cruelle pour les individus.

Dans le principe, le tyran ne tremble peut-être
pas encore, parce que sa conscience ne lui reproche l'emploi d'aucune violence, ou mieux dire, il
tremble beaucoup moins que le tyran coupable;
car, quelque ignorant qu'il soit, il sait très bien
que le pouvoir absolu qu'il exerce n'est jamais légitime, et il ne peut jamais s'exempter d'avoir peur.
La preuve en est que, malgré que la paix exté-
rieure soit sûre, le tyran reste toujours armé à l'in-

térieur. Mais encore, en supposant que le tyran doux ne tremble pas lui-même, ils tremblent en son nom et pour eux-mêmes, ce petit nombre de méchans qui exercent, à l'ombre de son nom, l'autorité souveraine usurpée par eux : donc, la peur reste toujours la base, la cause et le moyen de toute tyrannie, même sous le meilleur tyran.

Et qu'on ne me cite pas l'exemple de Titus, Trajan, Marc-Aurèle, Antonin et quelques autres vertueux tyrans, qui sont en si petit nombre. Une preuve irrécusable qu'ils n'étaient jamais exempts de la peur, c'est qu'aucun d'eux n'a jamais accordé aux lois d'autorité sur sa personne, par la raison qu'ils savaient très-bien qu'elles l'auraient frappé le premier. Aucun d'eux ne licenciait ses soldats, ou n'osait les soumettre à d'autre autorité qu'à la sienne, convaincu qu'il était que sa personne ne pouvait être en sûreté sans leur secours. Donc, chacun d'eux avait une entière certitude que son autorité était illimitée, puisqu'il ne voulait pas la subordonner aux lois ; puisqu'il ne pouvait se conserver sans la terreur inspirée par ses soldats : je le demande : les hommes peuvent-ils considérer un tel tyran comme excellent, et l'appeler un homme bon, lui qui, ayant en main un pouvoir qu'il sait vicieux et très dommageable, non seulement ne s'en dépouille point lui-même, mais encore n'entreprend pas du moins ce qu'il pourrait faire avec tant de gloire, d'en dépouiller ses successeurs à qui on n'aurait absolument rien ôté en leur ôtant la faculté d'usurper l'autorité dont ils n'étaient pas encore en

possession, surtout quand la chose aurait été faite
par les tyrans qui n'ont pas d'enfans? Sous Titus,
Trajan, Marc-Aurèle et Antonin, les sujets ne ces-
saient pas de craindre, et la preuve en est qu'aucun d'eux n'osa leur proposer franchement de se
soumettre, comme ils le devaient, aux lois, et de
rétablir la république.

Il est facile de comprendre pourquoi les écrivains
s'accordent à faire tant d'éloges de ces vertueux
tyrans; et à dire que, si tous les autres pouvaient
leur ressembler, le plus excellent gouvernement serait le gouvernement d'un seul. La raison en est
que la peur ayant été extrême et terrible, si elle
vient à être allégée tout d'un coup des deux tiers,
le tiers restant est considéré pour rien. Quel est
donc cet être, de la bonté libre et spontanée du-
quel peut et doit dépendre d'une manière absolue
le bonheur, ou le malheur de tant de millions
d'hommes? Peut-il être tout-à-fait sans passions?
Il serait stupide. Peut-il aimer tout le monde, et
ne haïr jamais personne? Peut-il ne jamais être
trompé? Peut-il avoir la puissance de faire toute
espèce de mal, et n'en faire jamais aucun? Peut-il
enfin croire être d'une nature différente et supérieure à celles des autres hommes, et malgré tout
cela, préférer le bonheur de tous au sien propre?

Il n'existe sans doute pas un seul homme au
monde qui consentît à donner à son ami le plus
vrai, le plus habile et le mieux éprouvé un pouvoir
absolu sur sa propriété, sa fortune et son honneur:
et s'il pouvait en exister un, quel serait le véritable

ami qui pourrait se déterminer à accepter un emploi aussi étrange, aussi dangereux et aussi odieux? Or, ce qu'un seul homme n'accorderait jamais pour lui seul à son plus intime ami, tous l'accorderaient pour eux-mêmes et pour leurs enfans à un seul homme qui n'est point leur ami, et qui ne peut l'être, qui lui permettraient de retenir ce pouvoir par la force? Et ils l'accorderaient à celui-là seul que le plus souvent ils ne connaissent pas, qu'un très petit nombre d'entre eux peut approcher, et à qui la généralité ne peut même se plaindre des injustices commises en son nom!!!! Certes, une telle folie n'est jamais tombée, si ce n'est instantanément, dans l'esprit de tout un peuple; ou, s'il s'est trouvé une multitude assez insensée pour accorder à un seul homme une si extravagante autorité, au moins elle ne pouvait jamais forcer les générations futures à la reconnaitre et à la souffrir. Donc, toute autorité illimitée est toujours, dans son origine comme dans ses conséquences, une usurpation évidente et atroce du droit naturel d'un peuple. Ainsi, que l'on juge maintenant si l'usurpateur de cette autorité absolue peut jamais en jouir tranquillement et sans peur, puisqu'elle lui donne le pouvoir de nuire d'une manière illimitée et avec certitude d'impunité à tous et à chacun des individus, tandis que chaque particulier honnête homme se considérerait comme très malheureux d'avoir le pouvoir de nuire ainsi à son meilleur ami, en vertu du droit qu'il lui en aurait librement accordé, et tandis encore que toute amitié cesserait certainement entre eux, dès que la possibilité d'exercer un tel droit commencerait.

La crainte est un sentiment naturel à l'homme : elle le porte à éprouver de l'horreur pour quiconque peut lui nuire, alors même que ce serait avec justice! Ne voit-on pas que chez les peuples où l'autorité paternelle et conjugale est excessive, se trouvent les exemples les plus fréquens et les plus terribles d'ingratitude, de désaffection, d'insubordination, de haines et de crimes commis par les femmes et les enfans? C'est pourquoi le pouvoir de nuire justement à qui agit mal, étant seulement dans les bonnes républiques une prérogative de la loi, dont les magistrats électifs et à temps ne sont que les exécuteurs : dans les bonnes républiques, dis-je, on arrive à craindre beaucoup les lois sans les haïr, parce qu'elles ne sont personne! on y arrive à respecter simplement les magistrats sans beaucoup les haïr à cause de leur grand nombre, et à cause qu'ils changent souvent, et enfin, on finit par ne haïr ni craindre aucun individu.

Mais au contraire, l'image d'un tyran héréditaire apparaît toujours au peuple sous l'aspect d'un homme qui leur ayant ravi le plus précieux de tous les biens, la liberté, a l'audace de leur nier qu'ils l'aient jamais possédée, et tient constamment l'épée nue pour empêcher qu'elle ne leur soit rendue. Les tyrans peuvent ne pas frapper, mais qui peut ne pas les craindre? Les peuples peuvent ne pas penser à la réclamer, mais les tyrans qui ne peuvent être certains de l'insouciance des peuples, se tiennent par cette raison toujours armés. Ce n'est donc pas courage contre courage, mais PEUR contre PEUR qui est le ressort que cette usurpation entretient.

Mais maintenant, pendant que je parle si longuement de la *peur*, j'entends crier de tous côtés : *lorsque deux tyrans héréditaires se combattent, ces nombreux et courageux soldats qui affrontent pour eux la mort, sont-ils donc guidés par la peur ou par l'honneur?* Je réponds, que je parlerai dans son lieu de cette espèce d'honneur, et que les peuples de l'Orient toujours esclaves, qui nous paraissent ne pas connaître l'honneur, et que nous considérons être nos inférieurs en tout, les peuples de l'Orient, dis-je, combattent aussi vaillamment pour leurs tyrans, et donnent pour eux leur vie. J'en attribue la cause à la férocité naturelle à l'homme, à la chaleur du sang qui s'accroît et s'aveugle dans le péril, à la vaine gloire, et à l'émulation qui détermine un homme à ne pas vouloir paraître inférieur à un autre homme; aux préjugés sucés avec le lait, et enfin je l'attribue cette cause plus qu'à toute autre à la *peur* que j'ai déjà indiquée tant de fois. Cette terrible passion se transforme dans le cœur de l'homme sous un si grand nombre d'aspects différens, qu'elle peut bien aussi s'y transformer en courage. Nos armées modernes, où est puni de mort quiconque fuit du champ de bataille, en rendent un éclatant témoignage. Ces héros de la tyrannie, qui vendent aux tyrans leur lâcheté pour quelques sous par jour, conduits par leurs officiers

en présence de l'ennemi, ont derrière eux leurs
sergens, l'épée nue à la main ; souvent aussi on y
place de l'artillerie, pour que, épouvantés sur leurs
derrière, ils fassent bonne contenance sur le front ;
ils pourront donc, sans avoir beaucoup d'honneur,
préférer une mort incertaine et honorable à une
mort infame et certaine.

CHAPITRE IV.

DE LA BASSESSE (1).

De la peur de tous résulte la bassesse du plus
grand nombre, mais ceux qui possèdent la bassesse
au suprême degré, sont nécessairement ceux qui
approchent de plus près le tyran, je veux dire ceux
qui sont à la source de toute peur active et pas-
sive. C'est pourquoi, à mon avis, il y a une très
grande différence entre la bassesse et la peur.
L'homme de bien peut, par la fatalité de sa naissance, se trouver forcé de craindre, mais il craindra
avec dignité, en silence, et en fuyant toujours jusqu'à l'aspect de celui qui épouvante tous les autres,

(1) Le mot italien est *viltà*. Je n'ai pu trouver dans la langue française un mot qui remplaçât bien le mot italien.

et en déplorant en lui-même ou avec quelques amis semblables à lui, la nécessité de craindre et l'impossibilité d'annuler cette crainte et de remédier à ses tristes effets; au contraire, l'homme déjà vil par sa propre nature, qui fait parade de sa peur, et qui la cache sous le honteux masque d'un amour imaginair., cherchera à s'approcher, à s'identifier autant qu'il le pourra avec les tyrans, et cet infame espérera par là diminuer sa propre crainte et la centupler dans les autres.

Ainsi il me paraît bien démontré que, dans la tyrannie, tous sont avilis, mais que tous ne sont pas vils!

CHAPITRE V.

DE L'AMBITION.

Ce puissant aiguillon qui détermine plus ou moins tous les hommes à s'élever, et à se placer au-dessus des autres et de soi-même; cette bouillante passion qui produit également les actions les plus glorieuses et les plus infames, l'ambition enfin, ne perd point, dans la tyrannie, son activité, comme tant d'autres nobles passions de l'homme, qui, sous un tel gouvernement, restent ensevelies, et de nul effet ; mais elle y trouve interceptées toutes routes et toutes fins vertueuses et sublimes, et plus elle est grande, plus aussi elle devient vile et vicieuse.

Le but le plus élevé que puisse se proposer un esclave ambitieux est d'obtenir une portion quelconque de l'autorité souveraine ; mais en cela les tyrannies et les républiques les plus libres se ressemblent à peu près de tous points. Pourtant autant est différente cette autorité également désirée, autant sont différens les moyens de l'obtenir, et autant encore la fin en est différente, alors qu'elle est obtenue : c'est ce que chacun sait par soi-même. Dans la tyrannie on parvient au pouvoir par ses complaisances, et en secondant le tyran, et en s'assimilant à lui : mais un peuple libre n'accorde l'autorité limitée et passagère qu'à une vertu certaine et à des services importans rendus à la patrie, enfin il n'accorde cette autorité qu'à l'amour du bien public prouvé par les actions et les faits. Or tous ne peuvent vouloir autre chose que le bien de tous : ils ne veulent récompenser que ceux qui leur procurent ce bien. Il est vrai cependant que tous peuvent se tromper à la fois, mais c'est toujours pour peu de temps, et le moyen de revenir de leur erreur est toujours à leur disposition. Mais le tyran qui est seul, et un contre tous, a un intérêt différent de celui de tous, et pour le plus souvent directement opposé à cet intérêt, il doit donc ne récompenser que ceux qui servent ses intérêts, et par conséquent ne point récompenser quiconque tenterait de ser-

vir l'intérêt de tous, mais, au contraire, il le persé-
cutera et le punira.

Si le hasard fesait que l'avantage du tyran fût
en même temps celui de ses sujets, il pourrait bien
prétexter d'en récompenser l'auteur, en alléguant
le bien public; mais, dans la réalité, il ne récom-
penserait que les services rendus à son intérêt particulier; ainsi celui qui aura rendu par hasard un
service à l'état, si l'on peut ainsi appeler une tyrannie, et si l'on peut être utile à des esclaves sans
les délivrer avant tout de l'esclavage; celui-là dira
toujours qu'il a servi le tyran, dévoilant par ses paroles la bassesse de son esprit, ou l'aveuglement
de son intelligence. Le tyran lui-même, si sa propre peur, et la dissimulation qui en est la fille, ne
lui rappellent pas qu'il doit au moins pour la forme
appeler l'état, l'état dira aussi par mégarde qu'il a
récompensé les services rendus à lui-même.

C'est ainsi que Jules César écrivain, en parlant
de Jules César capitaine et tyran futur, laissait
échapper de sa plume les paroles suivantes : *On
apporta à César le bouclier du centurion Sceva qui
se trouva percé de deux cent trente flèches, et César
lui fit présent de 200,000 talens, comme ayant
bien mérité de lui* (CÉSAR) *et de la République. Scuto-
que ad eum* (ad CÆSAREM) *relato Sævæ centurionis,
inventa sunt in eo* ccxxx *foramina quem Cæsar ut
erat de se meritus, et de republicâ donâtum millibus
ducentis.* On voit, par ces paroles du texte latin DE SE
meritus, comment le bon César s'étant imposé dans

3

ses *Commentaires* de ne parler de lui qu'à la troisième personne, il en parle ici par inadvertance
à la première, et tellement à la première que les
mots *de republicâ* ne viennent qu'après ceux *de se*,
comme par forme de correction. Ainsi écrivait et
pensait le plus magnanime de tous les tyrans, alors
qu'il ne l'était pas encore devenu, et qu'il doutait
encore s'il pourrait réussir à le devenir, et cependant il était né, et avait vécu simple citoyen jusqu'au-delà de quarante ans! que doit donc penser
et dire, sur un pareil sujet, un tyran ordinaire,
lui qui, né, élevé comme tel et certain de mourir
sur le trône, vit rassasié jusqu'au dégoût de ne
jamais trouver d'obstacles à ses moindres volontés?

De là, et de tout ce que j'ai dit jusqu'ici, il me
paraît résulter qu'obtenir la faveur d'un seul, prouve
toujours, dans celui qui l'obtient, plus de vices que
de vertus, alors même que ce seul qui l'accorde
peut être vertueux; car, pour l'obtenir, il faut nécessairement plaire à ce seul; il faut être, ou se
montrer dévoué, et lui être utile; tandis que la
vertu exige que l'homme public ne se montre utile
qu'au public. Cela est évident; de tout ce que j'ai
dit jusqu'ici il résulte également qu'obtenir la faveur
d'un peuple libre prouve néanmoins nécessairement
dans celui qui l'obtient quelque capacité et quelque
vertu, puisque pour plaire à la majorité, il faut être
ou se montrer utile à tous. Que la chose arrive
par des preuves réelles ou feintes, elle exige tou-

jours une certaine capacité et une certaine vertu.
Mais se montrer agréable et utile à un seul qui
a le pouvoir, dans l'intention d'en obtenir une
partie de son autorité, prouve bassesse dans les
moyens, petitesse d'esprit, intrigue, duplicité, et un
grand nombre d'iniquités, pour prévenir et renverser tant d'autres individus qui concourent par le
même moyen au même but.

Il me sera facile de prouver, par des exemples, ce
que j'avance: les Romains étaient déjà corrompus, et
déjà leur liberté chancelait, lorsque Marius se fesait
consul par les suffrages du peuple, malgré Sylla et
la noblesse. Mais si l'on considère bien quel était
ce Marius, quelle grande vertu il avait déjà déve-
loppée dans le Forum, ou sur les champs de bataille,
on voit que c'était avec justice qu'il était favorisé
par le peuple, car, vu les circonstances et les temps,
ses vertus surpassaient de beaucoup ses vices.

Les Français n'étaient pas libres (jusqu'à nos
jours ils ne l'ont jamais été), mais ils étaient dans
une circonstance favorable à le devenir et à fixer
pour toujours les justes limites d'un gouvernement
raisonnable, lorsque monta sur le trône *Henri IV*,
cette idole des Français, un siècle après sa mort.
Sully était le ministre intègre de cet excellent
prince; il jouissait de sa faveur, et la méritait. Mais
pour connaître exactement quelle fut la vertu politique de ces deux hommes, qu'on en juge par ce
qu'ils firent. Sully eut-il jamais le courage de se
prévaloir de la faveur du prince pour le forcer par
l'évidence d'argumens irrésistibles, d'élever pour

toujours des lois stables et libres au-dessus du prince
et de ses successeurs, et s'il avait eu le courage de
le faire, peut-on présumer qu'il aurait conservé la
faveur de Henri? donc la faveur du meilleur tyran,
ne peut jamais s'obtenir par le moyen d'une vraie
vertu politique, ni encore bien moins la conserver
par ce moyen.

Examinons d'abord les sources de l'autorité. Les
vrais moyens pour l'obtenir dans les républiques
sont de les défendre, de les illustrer, d'en accroître
la force et la gloire, d'en fortifier la liberté, si elles
sont vertueuses, de remédier aux abus, ou de le
tenter si elles sont corrompues; et enfin, de leur
dire toujours la vérité, quelque déplaisante et ou-
trageante qu'elle paraisse.

Pour obtenir d'un tyran l'autorité, les moyens
sont de le défendre, mais plus encorecontre ses sujets que contre ses ennemis extérieurs, de le louer,
de lui déguiser ses défauts, d'accroître son pouvoir
et sa force (1), d'assurer son pouvoir illimité ouvertement, si c'est un tyran vulgaire; de l'assurer
sous l'apparence du bien public si c'est un tyran
rusé, et de toutes manières, lui taire toujours *qua*
dans le gouvernement absolu d'un seul, tout doit être
nécessairement vicieux et corrompu. Une telle vérité

(1) C'est précisément ce que fit Sully immédiatement après l'a-
vénement de Henri IV, les États-Généraux furent convoqués, mais
Sully mit tant d'entraves à leurs opérations qu'ils se séparèrent sans
rien décider sur les besoins de l'État, et ils abandonnèrent au roi
et à Sully seuls la conduite des affaires. Voir les *Mémoires de*
Sully. (*Note du Traducteur.*)

ne peut se dire par quiconque veut se conserver la
faveur du tyran, et elle est peut-être impossible à
penser et à être sentie par celui qui a recherché et
obtenu sa faveur. Mais cette vérité évidente et divine, il n'est pas moins impossible de la dire par
celui qui veut véritablement le bien de tous; et
finalement, elle ne peut être soufferte par le tyran
qui veut et qui doit vouloir, avant tout, son avantage particulier.

La nature des choses veut donc que les cours
soient de nécessité remplies de la plus mauvaise
espèce de gens. Si le hasard y introduit quelque
honnête homme, et qu'il ait le courage de vouloir
s'y maintenir et se montre tel, tôt ou tard il sera
la victime des courtisans, et de leurs embûches, parce
qu'ils le craindront, l'abhorreront, vivement offensés qu'ils seront de sa vertu. Ainsi, là où un seul
dispose de toute chose et commande à tous, il ne
peut s'y trouver qu'une compagnie de scélérats.
Tous les siècles et toutes les tyrannies ont rendu
et rendrons cette vérité indubitable, et malgré cela,
dans tous les siècles et dans toutes les tyrannies,
les peuples esclaves n'y ont ajouté et n'y ajouteront
que peu de foi, et la sentiront encore moins. Le
tyran, quelque bon que soit son caractère, rend
immédiatement méchans tous ceux qui l'approchent,
parce que sa puissance excessive, dont alors même
qu'il n'en abuse point, il ne s'en dépouille jamais,
remplit toujours de plus en plus de crainte tous
ceux qui l'observent de plus près, d'une plus grande
crainte vient une plus grande dissimulation, et la

dissimulation et le silence produisent la lâcheté et la bassesse.

L'ambition, dans la tyrannie, acquiert souvent à l'ambitieux un pouvoir non moins grand et non moins illimité que celui du tyran ; et tel que jamais aucune république n'a pu ni voulu en accorder un pareil à aucun de ses citoyens. La multitude trouve donc excusable l'esclave qui ose se proposer une fin si élevée, et d'obtenir, à l'ombre de l'imbécillité ou de la paresse du tyran, un pouvoir aussi grand que le sien ; mais que chacun réponde à cette objection, et qu'il se demande à lui-même : « Aucune » autorité injuste, illimitée, ravie, momentanément » exercée sous le nom d'un autre, peut-elle jamais » s'obtenir sans quelque fourberie, sans tromperie? » peut-elle jamais être exercée sans nuire au plus » grand nombre d'individus, et à ceux qui postu- » laient cette autorité? peut-elle enfin jamais être » conservée sans fraude, sans cruauté et sans abus » de pouvoir. »

On ambitionne donc l'autorité dans les républiques, parce qu'elle prouve un grand nombre de vertus, et qu'elle contribue à augmenter la propre gloire de l'individu qui l'obtient, en lui fournissant le moyen de faire le bien public; mais, dans les tyrannies, on ambitionne l'autorité pour satisfaire à la volonté du tyran, pour s'enrichir outre mesure, pour venger ses propres injures et en faire, sans craindre la vengeance; de rendre innocens les plus infames services, et enfin de faire trembler tous ceux qui sont nés ses égaux ou ses supérieurs. On

ne peut douter que, dans la république et dans la
tyrannie, les ambitieux n'aient entre eux ces desseins
différens ; d'abord le républicain, qui obtient l'autorité, sait très bien qu'il ne pourra toujours la conserver ; qu'il ne pourra en abuser, parce qu'il devra
rendre à ses égaux un compte sévère de sa conduite,
et que l'avoir obtenue est une preuve qu'il était meilleur que ses compétiteurs. Dans la tyrannie, l'esclave, qui ambitionne l'autorité, sait très bien qu'elle
est sans limites, et par conséquent très odieuse à tous ;
qu'il devra nécessairement en abuser pour la conserver ; que la rechercher atteste, dans le candidat,
le plus méchant caractère ; que l'obtenir démontre
clairement que ce candidat était encore plus méchant que chacun de ses concurrens, et pourtant
ces deux ambitieux, sachant tout cela, n'en courent
pas moins également tous les deux, et sans s'arrêter,
vers le but qu'ils se sont proposé. Qui peut donc
maintenant douter que, dans la république, l'ambitieux tend bien plus à la gloire qu'à la puissance ? et
que, dans la tyrannie, l'ambitieux ne se propose d'autres fins que le pouvoir, les richesses, avec l'infamie ?

Toutes les ambitions n'ont cependant pas pour
objet et pour but l'autorité suprême : dans l'une
comme dans l'autre espèce de gouvernement, il
se trouve toujours ensuite un nombre infini de petits ambitieux qui se contentent de simples honneurs sans puissance, et un nombre encore plus
grand de lâches à qui l'argent sans honneur et sans
puissance suffit. Et ici se trouve encore la même
différence et la même raison pour les deux espèces

de gouvernemens : dans les républiques, les honneurs ne s'obtiennent point en trompant un seul homme, mais bien en servant le plus grand nombre, ou en lui plaisant ; et ce plus grand nombre ne peut vouloir honorer quelqu'un, s'il ne le mérite : en le fesant, il se déshonorerait lui-même. Dans la tyrannie, les honneurs, si toutefois on peut les appeler ainsi, sont distribués par le caprice d'un seul, ordinairement à la noblesse, à la servitude entière et constante des ancêtres, à l'obéissance parfaite et aveugle, c'est-à-dire, à l'entière ignorance de soi-même ; ils s'accordent encore à l'intrigue, à la faveur, et quelquefois au courage contre l'ennemi extérieur.

Mais tous ces honneurs, par leur nature toujours différens dans ces deux espèces de gouvernemens, sont aussi, comme chacun sait, recherchés pour un but différent. Dans la tyrannie, chacun veut représenter près le peuple une petite partie du tyran : ainsi un titre, un jouet ou pareille ineptie, satisfait souvent la petite ambition d'un petit esclave ; ces diminutifs d'honneur fesant preuve, non que cet ambitieux soit réellement estimable, mais que le tyran l'estime, il espère par là, non que le peuple l'honore, mais bien que le peuple le respecte et le craigne. Dans la république, au contraire, les honneurs se recherchent, par la raison qu'ils honorent réellement celui qui les obtient (1).

(1) La décoration de la légion-d'honneur était sous l'empire très-recherchée parce qu'elle honorait véritablement, mais aujourd'hui

L'ambition de s'enrichir, plus exactement appelée cupidité, ne peut exister dans les républiques tant qu'elles ne sont pas corrompues, et alors même qu'elles le seraient, le seul moyen de s'enrichir étant principalement la guerre et le commerce, et jamais le pillage du trésor public, quoique le lucre soit une fin par elle-même très vile, néanmoins, par ces deux moyens, il devient la récompense de deux sublimes vertus, le courage et la bonne foi. L'ambition de s'enrichir est la plus générale dans les tyrannies, et plus elles sont riches et étendues, plus il est facile de la satisfaire par des moyens illégitimes de la part de quiconque administre les fonds publics. Outre ce moyen, il s'en trouve encore beaucoup d'autres, et en un nombre d'autant plus grand, que le tyran et ceux qui le gouvernent ont plus de vices.

Le but que l'on se propose d'acquérir de grandes richesses est vicieux dans les deux espèces de gouvernemens, et plus encore dans les républiques que dans les tyrannies, parce que, dans les républiques, on cherche les richesses excessives, ou pour corrompre les citoyens, ou pour détruire l'égalité. Dans les tyrannies, on les recherche pour en jouir dans le luxe ou dans les vices. Cependant l'avidité de les acquérir me paraît beaucoup plus excusable

qu'elle est prodiguée à l'intrigue, à la bassesse, et aux plus infâmes actions, elle déshonore même ceux qui l'ont méritée, et l'on a honte de la porter. Le moment n'est pas éloigné où elle sera dans la bonne_ *(Note du Traducteur).*

dans ces gouvernemens où les moyens employés sont moins vils, où la propriété est en sûreté, et où enfin le but, quoique tout coupable qu'il soit, peut au moins être plus grand. Au contraire, dans les gouvernemens absolus, la richesse est le résultat de mille intrigues, de mille iniquités et de mille bassesses, et elles peuvent être reprises en un moment par un caprice du tyran et par suite d'autres intrigues, iniquités ou bassesses semblables, ou encore par celui qui les a donnés, ou qui a permis de les voler.

Je pense avoir parlé de toutes les espèces d'ambitions qui peuvent exister dans la tyrannie. Je conclus que cette même passion, qui a été et peut être la vie des états libres, devient la perte la plus exécrable des états qui ne le sont pas.

CHAPITRE VI (1).

DU PREMIER MINISTRE.

De toutes les calamités publiques que l'ambition occasione dans la tyrannie, il faut considérer

---

(1) *Ad consulatum non nisi per Sejanum aditus; neque Sejani volontas nisi scelere quærebatur.*

Personne n'était consul sans la volonté de Sejan, et il fallait être criminel pour plaire à Séjan.

comme la plus atroce et la plus grande la personne
du premier ministre, que je n'ai fait qu'indiquer
dans le chapitre précédent; je crois important et
très nécessaire d'en parler ici avec quelque étendue.

Cette fatale dignité donne d'autant plus de splendeur et d'éclat à celui qui la possède, que le tyran
de qui elle émane a une plus grande incapacité; mais
comme sa seule faveur l'a créée, comme il n'est pas
à présumer qu'un ministre éclairé et capable puisse
jamais plaire à un tyran incapable, il en résulte
ordinairement que ce ministre n'est pas plus apte
à gouverner que le tyran lui-même; qu'il lui ressemble entièrement dans l'impossibilité de faire le
bien, mais qu'il le surpasse de beaucoup dans la
capacité, le désir et la nécessité de faire le mal. Les
tyrans d'Europe abandonnent à leur premier ministre l'usufruit de leurs droits, mais ils ne leur en
accordent aucun avec plus d'étendue et dans un
degré plus élevé que l'horreur qu'ils inspirent avec
raison. Cet horreur est dans la nature de l'homme,
qui supporte difficilement que son égal ravisse et
exerce une autorité tombée par le sort entre les
mains d'un homme qu'il croit son supérieur; autorité qui, passant dans des mains illégitimes, double
au moins ses propres malheurs.

Ce premier ministre n'ignore point qu'il est souverainement abhorré, d'où il résulte qu'il abhorre
aussi souverainement autrui. C'est pourquoi il punit, il persécute, il opprime et fait périr quiconque
l'a offensé, quiconque peut l'offenser, quiconque
en a la pensée, quiconque en est soupçonné, et qui-

conque enfin lui déplaît. Ensuite ce premier ministre persuade facilement, à ce tyran imbécile dont
il a su dominer l'esprit, que toutes les violences et
cruautés dont il se sert pour assurer sa personne
sont nécessaires pour assurer celle du tyran (1). Il
arrive que, quelquefois, par caprice ou par faiblesse,
ou par crainte, le tyran retire tout à coup à son ministre sa faveur et son autorité; qu'il l'exile et le
chasse de sa présence, et qu'il lui laisse, par une
bonté toute particulière, le fruit de ses vols, ses
richesses, et sa vie. Mais ce changement n'est rien
autre chose qu'une nouvelle charge imposée au
peuple. On peut le démontrer avec facilité. Le ministre précédent, quoique convaincu de mille et
mille rapines, de mille et mille fourberies, de mille
et mille injustices, ne perd presque jamais sa dignité
sans qu'un autre, encore plus fin que lui, n'ait su
parvenir à lui faire perdre la faveur du tyran; mais
de quelque manière que la chose arrive, il arrive
pourtant enfin le jour où le ministre perd sa faveur et l'autorité. Il faut alors que l'état se prépare
à supporter son successeur, qui doit toujours être
un peu plus méchant que le prédécesseur; mais
ce successeur, voulant se faire croire meilleur,
change, renverse tout ce qui a été établi par l'autre,
et veut se montrer en tout différent. Pourtant ce
successeur veut et doit vouloir aussi s'enrichir, se
maintenir en charge, se venger, tromper, opprimer

(1). En lisant ceci, on croit lire l'histoire du cardinal de Riche-
lieu, premier ministre de Louis XIII.   (*Note du Traducteur*).

et écraser. Donc, dans la tyrannie, tout changement, soit du tyran, soit du ministre, n'est rien autre chose pour un malheureux peuple esclave, que si l'on changeait de bandages et de chirurgien, pour une large plaie inguérissable, ce qui ne fait qu'en redoubler la puanteur et les douleurs.

Que le ministre successeur soit toujours un peu plus méchant que le prédécesseur, cela se démontre avec la même facilité; pour renverser un homme rusé, méchant et puissant, il faut nécessairement être encore plus méchant et plus rusé que lui; le plus souvent le ministre d'un tyran ne tombe point sans que l'un de ceux qui l'ont directement ou indirectement renversé ne le remplace. Or, comment celui-ci a-t-il pu détruire tous ces remparts que l'autre avait élevés pour sa sûreté? Bien certainement ce n'est pas par hasard, mais bien par plus d'artifices; je demande donc, si, dans les cours, plus d'artifices ne font pas supposer plus de vices dans celui qui possède et pratique heureusement ces artifices.

La moindre cruauté des tyrans modernes, n'est en rien autre chose que le produit de la moindre cruauté des peuples de nos jours, et c'est pourquoi les tyrans laissent la vie et même leurs richesses à leurs ex-ministres, quoique ces richesses soient le plus souvent le fruit de leurs iniquités et de leurs rapines. Ces ex-ministres n'éprouvent d'autre châtiment que de se voir un objet de risée et d'opprobre pour tout le monde, et surtout pour des êtres vils qui tremblaient le plus sous eux (1). Quelques uns de ces vice-tyrans ont ensuite l'effronterie de faire parade d'un esprit tranquille dans leur fortune adverse, et ils osent follement se donner le nom de philosophes désabusés ; mais ils excitent la risée des hommes sages, qui sachant bien ce qu'est un philosophe, voient clairement qu'un vice-tyran ne l'est point, et ne peut jamais l'avoir été.

Je perdrais mes paroles, mon temps, et j'oublierais la majesté de mon sujet, si je voulais prouver qu'un être aussi vil, aussi inique, n'a jamais pu être, ni avoir été, ni devenir un philosophe : mais je prouverai très bien une chose bien plus importante, c'est qu'un premier ministre de tyran n'est jamais et n'a jamais dû être un homme bon et honnête. D'abord j'entends par honnêteté politique, vraie essence de l'homme, celle qui détermine l'homme publie à préférer le bien de tous au bien d'un seul. En définissant ainsi l'honnêteté politique, il me semble avoir très bien prouvé ma proposition. Si le tyran lui-même ne veut, et ne peut vouloir le véritable et l'entier bien public, qui serait immédiatement le renversement de sa puissance, est-il croyable que le voudra jamais et le fera jamais celui qui le représente momentanément ; celui qu'un caprice ou un signe avait presque élevé sur le trône, et qu'un caprice ou un signe en précipite ?

(1) Voilà l'histoire des ministres Polignac et Maupeou.
(*Note du Traducteur.*)

Ensuite, que le ministre ne puisse être un homme privé honnête homme, (j'entends par honnêteté privée, la bonté des mœurs pures et la bonne foi), on pourrait encore le prouver amplement par des raisons invincibles. Mais les ministres eux-mêmes, par leurs actions, nous le prouvent beaucoup mieux qu'aucun écrivain ne pourrait le faire par ses discours. Qu'on observe seulement qu'aucun ministre ne veut cesser de l'être; qu'aucune charge n'est plus enviée que la sienne, qu'aucun homme n'a plus d'ennemis que lui, ni à combattre plus de calomnies ou d'accusations fondées : maintenant que la vertu puisse par elle-même résister dans un gouvernement sans vertu avec sa propre force à l'intrigue et à l'envie, c'est ce dont je fais juge tout le monde.

De la puissance illimitée du tyran, transportée à son ministre, résulte l'abus du pouvoir, je veux dire l'abus d'un pouvoir déjà abusif par lui-même. Le pouvoir et l'abus croissent toutes les fois qu'ils viennent à être greffés sur la personne d'un sujet, par la raison que ce tyran électif et précaire, se trouve forcé de défendre en même temps, avec ce pouvoir, et le tyran héréditaire et lui-même. Une personne de plus à défendre exige nécessairement plus de moyens de défense, et une autorité illégitime exige des moyens plus illégitimes encore; c'est pourquoi la création et l'introduction dans la tyrannie de ce personnage, doivent, sans aucun doute, être considérées comme la plus grande perfection de toute puissance arbitraire.

En un mot, en voici la preuve : le tyran qui ne s'est jamais cru et ne s'est jamais vu d'égaux, hait, par une crainte innée, l'universalité de ses sujets, mais n'en ayant point reçu d'injure personnelle, il ne hait pas les individus. Son épée donc, tant qu'il la tient lui-même, reste dans la main d'un homme qui n'ayant pas été offensé, ne sait qui frapper ; mais aussitôt qu'il a cédé ce symbole terrible du commandement à un sujet, qui s'est vu des égaux et des supérieurs, qui étant souverainemeut injuste et odieux, doit être souverainement haï par le plus grand nombre ; qui osera croire et jamais affirmer ou espérer que ce sujet ne frappera point?

CHAPITRE VII.

DES SOLDATS.

Mais que ce soit le tyran même qui règne, ou que ce soit son premier ministre, n'importe! Les défenseurs de leurs iniques personnes, les exécuteurs aveugles et cruels de leur volonté absolue, ce sont toujours les soldats mercenaires dont, dans nos temps modernes, il y a plusieurs espèces, mais toutes sont néanmois destinées à une seule et même fin ; dans quelques pays d'Europe, les hommes sont enrôlés par force, dans d'autres, l'enrôlement se fait avec moins de violence et avec plus d'ignominie pour les peuples ; les hommes s'offrent volontairement à perdre leur liberté, ou ce qu'ils appellent follement ainsi ; ils sont portés à ce trafic, d'eux-mêmes, poussés qu'ils sont le plus souvent par la débauche et leurs vices, et par l'espoir de dominer et opprimer leurs égaux : plusieurs tyrans ont encore l'usage d'avoir à leur solde des soldats étrangers en qui ils mettent plus de confiance, et, par une singulière contradiction qui flétrit l'humanité, les Suisses qui sont presque les plus libres de l'Europe, se laissent choisir et acheter pour être les gardiens de presque tous ces tyrans.

Mais qu'ils soient étrangers ou nationaux, volontaires ou forcés, dans tous les cas, les soldats sont toujours le ressort, le bras, la base de la tyrannie et des tyrans. Un tyran de nouvelle invention a commencé dans ce siècle à établir et à maintenir sous les armes une armée entière et perpétuelle. Ce tyran, en voulant une armée, alors qu'il n'avait pas d'ennemis à l'extérieur, a amplement prouvé l'assertion que j'ai avancée, que le tyran avait toujours ses ennemis dans sa maison. Ce n'était cependant pas chose nouvelle que les tyrans eussent pour ennemis tous leurs sujets. Ce n'était pas encore chose nouvelle que sans avoir d'aussi formidables armées, ils n'en forçassent pas moins leurs sujets à obéir et à trembler ; mais entre l'idée des choses et les choses elles-mêmes, les sens y entrent de moitié,

4

et dans l'homme les sens sont tout. Tel tyran
qui dans les siècles passés se tenait désarmé, s'il
avait le caprice, ou le besoin d'aggraver plus que de
coutume ses sujets, habituellement, il s'en abste-
nait : il pensait que pour faire taire leurs murmures
ou leur résistence, et les forcer à obéir et à se taire,
il se trouverait dans la nécessité de s'armer; mais de
nos jours cette autorité et cette force que l'aïeul et le
père du tyran vivant savaient très bien avoir, mais
les sujets ne l'avaient pas toujours sous les yeux;
cette autorité, cette force, dis-je, est maintenant
bien démontrée aux tyrans sur le trône par toutes
ces bandes si nombreuses qui, non seulement le pré-
servent de l'attaque de ses sujets, mais encore qui
l'invitent à les offenser chaque jour plus fortement.
D'où entre l'idée de la puissance chez les tyrans qui
nous ont précédés et la réalité effective de la puissance chez les tyrans de notre époque, il y a exactement la même différence qu'entre la possibilité
idéale d'une chose et sa réalité palpable. La milice
moderne, par sa perpétuité continuelle dans les tyrannies, ôte jusqu'à l'apparence même de la vie civile : elle ensevelit jusqu'au nom de liberté (1), et elle

(1) Le lecteur doit toujours penser que cet ouvrage a été écrit
en 1777 ; et la France dormait alors dans un profond sommeil. Le
principe posé par l'auteur était vrai alors, même pour la France. Aujourd'hui que la France est libre, cela est différent. Mais quoiqu'elle
soit libre, et que la vie civile y soit en plein exercice, cependant
elle ne pourra se passer d'une armée perpétuelle tant que les autres
peuples de l'Europe seront soumis à des rois absolus, qui ont eux-
mêmes des armées perpétuelles; sans quoi, prise au dépourvu, la

avilit l'homme à tel point, que, ce qui politiquement
est vertueux, juste, utile et élevé, il ne peut ni le
faire, ni le dire, ni l'écouter, ni le penser; de cette
infame multitude de soldats oisifs, lâches dans
l'obéissance, insolens et féroces dans l'exécution,
et toujours plus intrépides contre la patrie que
contre ses ennemis, vient l'abus mortel d'avoir un
état de plus dans l'état; je veux dire un corps permanent et terrible qui a des opinions et des intérêts différens, et en tout contraires à ceux du public (1); c'est un corps qui par son illégitime et
vicieuse institution, porte en lui-même la démonstration qu'il est impossible d'avoir dans la tyrannie
une vie civile bien constituée. L'intérêt de tous et
du plus grand nombre, chez les peuples soumis à
un gouvernement quelconque, est de ne point être
opprimés, ou de l'être le moins que possible: dans
la tyrannie, les soldats qui n'ont et ne doivent

France serait nécessairement envahie du premier choc. Un jour
peut-être, et lorsque les gardes nationales françaises auront reçu une
meilleure organisation et plus d'instruction, il sera possible de licen-
cier une grande partie de l'armée active ; dans tous les cas, l'armée
française actuelle n'est point dangereuse à la liberté, son esprit
étant patriotique, comme il l'est! et d'ailleurs par sa constitution,
elle ne peut agir que d'après les ordres de l'autorité civile, ce qui
éloigne tout danger de sa part contre la liberté.

(*Note du Traducteur.*)

(1) J'invite de nouveau le lecteur à se souvenir que cet ouvrage a
été écrit en 1777 et de se rappeler aussi de quelle espèce de gens
l'on recrutait alors l'armée française. La France a fait un grand pas
vers le bien dans cette branche de son service, mais elle est encore
bien loin du but.   (*Note du Traducteur.*)

avoir d'autres intérêts que celui du tyran, qui
flatte leur orgueilleuse paresse, les soldats, dis-je,
ont nécessairement un intérêt à opprimer les peuples autant qu'ils le peuvent, parce que plus ils les
oppriment, plus les tyrans les considèrent, plus
ils lui sont nécessaires, et plus ils sont craints.

Dans la tyrannie il n'arrive pas, comme dans les
véritables républiques, que les dissensions inté-
rieures soient une partie de la vie civile; sagement
maniées et employées, elles y accroissent la liberté.
Dans les tyrannies, toute diversité d'intérêt accroît
au contraire le malheur public; d'où il résulte que
le faible doit, pour ainsi dire, s'anéantir, et que
le fort devient superbe outre mesure. C'est pourquoi
dans la tyrannie les soldats sont tout, et les peuples
ne sont rien.

Que ces soldats soient enrôlés volontairement
ou par force, ce sont toujours, quant aux mœurs,
le plus vil rebut du rebut de la populace (1). Les uns
comme les autres ont à peine endossé la livrée de
leur double servitude qu'ils deviennent orgueilleux, comme s'ils fussent moins esclaves que leur
semblables; ils se dépouillent du nom de paysan,
méprisent leurs égaux, et se considèrent beaucoup
au-dessus d'eux, et en effet, le véritable paysan
cultivateur se déclare dans la tyrannie beaucoup
au-dessous du paysan soldat, puisqu'il supporte que

(1) Il en est bien autrement aujourd'hui en France, c'est l'armée
où se trouve le patriotisme le plus vrai et le plus pur, et c'est l'armée qui en donne l'exemple aux citoyens. (*Note du Traducteur.*)

cette engeance le méprise, l'insulte, le dépouille et
l'opprime. Les peuples pourraient facilement résister à cette engeance, s'ils voulaient connaître
un seul instant leurs forces, car enfin ils seraient
vingt ou trente mille contre un, et si la lâcheté
des opprimés est assez grande pour n'oser attaquer
leurs oppresseurs à force ouverte, ils pourraient au
moins facilement les corrompre, ou les acheter
avec art ou avec de l'argent, leur valeur appartenant à qui les paye le mieux. Mais de ce moyen,
il résulterait par la suite un grand nombre de maux,
dont le moindre n'est pas de placer parmi le peuple
un si grand nombre d'êtres qui ne pourraient plus
être soldats, et qui ne sauraient pas devenir citoyens alors même qu'ils le voudraient (1).

Il est vrai que le peuple les craint, et par conséquent les hait; mais il ne les hait pourtant pas
autant qu'il abhorre le tyran, et ne l'abhorre pas
autant qu'il le mérite. C'est là une des plus légères
preuves que le peuple ne raisonne, ni ne pense,
dans la tyrannie. S'il observait que, sans les soldats,
aucun tyran ne pourrait exister, il les aurait
beaucoup plus en horreur, et de cette extrême
haine le peuple parviendrait bien plutôt à se délivrer de pareils soldats.

(1) Ce raisonnement était très bon en 1777. Aujourd'hui il est
sans valeur en France. La preuve en est que l'armée française ayant
été licenciée en 1815, tous ses soldats rentrèrent dans leurs foyers
et s'y firent remarquer par leur bonne conduite.

(*Note du Traducteur.*)

Ce n'est pas une contradiction de dire qu'un tyran ne pourrait se soutenir sans soldats, après avoir dit plus haut que les tyrans n'avaient pas toujours des armées perpétuelles; en augmentant les moyens qu'employait la force, les tyrans ont en même temps tellement augmenté la violence, que si maintenant ces moyens venaient à cesser, la peur cesserait aussitôt chez les peuples, et dès lors la tyrannie cesserait d'exister (1). C'est par cette raison que ces armées qui n'étaient pas nécessaires avant que certaines limites fussent dépassées, et avant que le peuple fût effrayé et retenu par une force effective et palpable, sont devenues aujourd'hui d'une nécessité absolue : telle est la nature de l'homme : celui qui a eu pendant plusieurs années sous les yeux une force effective et qui lui a cédé, ne se laisse plus effrayer par une force idéale; ainsi, dans l'état présent des tyrannies européennes, dès que les armées perpétuelles cesseront d'exister, aussitôt cesseront d'exister les tyrannies.

Le peuple donc ne peut jamais espérer avec vraisemblance de voir se diminuer le fardeau qui l'accable, et l'opprobre qui le suit; même de s'en voir décharger, de payer lui-même ses propres bourreaux qui sont sortis de ses propres entrailles, et qui ont aussitôt oublié leurs devoirs les plus sacrés

_____

(1) Il n'y a pas encore trois siècles que les armées les plus fortes de la France ne dépassaient pas alors de 25 à 30,000 hommes, et cependant la tyrannie existait en France dans toute sa force, et il en était de même dans toute l'Europe. (*Note du Traducteur.*)

et les plus naturels (1). Mais le peuple a toujours
non seulement, mais aussi, une certitude pleine et
entière de se décharger de ce fardeau et de cet opprobre toutes les fois que, le voulant véritablement,
il voudra prendre ce qu'il tient dans sa main.

Tous les tyrans de l'Europe payent tous autant
de satellites qu'ils le peuvent : Ils s'y complaisent :
ils s'en font gloire, et en sont orgueilleux outre
mesure. Les soldats sont le véritable et le premier
bijou de leur couronne, et entretenus à souhait,
parles sueurs et les privations du peuple, ils sont
toujours prêts à boire son sang au moindre signal
du tyran. On accorde aux tyrans plus ou moins de
considération en raison du nombre plus ou moins
grand de leurs soldats ; mais comme ces tyrans ne
peuvent en diminuer le nombre sans que l'opinion
que l'on a de leur puissance ne s'affaiblisse, et
comme aussi une personne abhorrée cesse d'être
crainte, dès qu'elle manque de soldats, elle com-

(1) Une fois pour toutes je dois dire que par le mot peuple, je
n'entends jamais autre chose que les habitans des villes et des cam-
pagnes, propriétaires ou artisans, qui ont femmes, enfans, et
parens, et jamais cette classe peut-être plus nombreuse de non propriétaires de la plus basse classe du peuple ; ceux-ci sont accoutumés à vivre au jour le jour. Tout gouvernement leur est indiffé-
rent : ces hommes n'ont rien à perdre ; dans les villes surtout, ils
sont très corrompus et sans mœurs. Tout gouvernement, même la
pure démocratie ne doit ni ne peut employer à leur égard sa puissance que pour ne les laisser jamais manquer ni de pain, ni de justice, ni de peur : si même l'une de ces trois choses leur manquait,
aussitôt l'ordre social pourrait être renversé, et même tout-à-fait
détruit.

mence d'abord par être méprisée et bientôt après
elle est écrasée. Il est donc à croire que les tyrans
n'attendront jamais cet évident mépris, précurseur
infaillible de leur ruine entière, et que toujours ils
saigneront le peuple pour se conserver eux-mêmes
par le secours d'un grand nombre de soldats.

Les tyrans, maîtres aussi pendant quelque temps
de l'opinion, ont essayé de persuader en Europe, et
ont en effet persuadé aux plus stupides de leurs sujets plébéiens ou nobles que c'était chose honorable
de servir dans leurs armées, dont eux-mêmes portaient la livrée, en employant l'imposture de passer
eux-mêmes par tous les grades militaires (1). Ils
accordent à leurs soldats plusieurs prérogatives in-
sultantes, et injustes sur toutes les autres classes de
l'état, et surtout sur les magistrats, et, par ce moyen,
ils ont offusqué les intelligences et rendu leurs
stupides sujets fous de cet exécrable métier.

Mais une seule observation suffit pour détruire
ces impostures. Ou l'on considère les soldats comme
les exécuteurs de la volonté tyrannique à l'intérieur;
et alors peut-on considérer comme honorable
d'exercer contre le père, les frères, les parens et les
amis une force illimitée et injuste? ou on les considère comme les défenseurs de la patrie; je veux
dire, du pays où le hasard vous a fait naître, où
vous demeurez par force, où il n'y a ni liberté,

(1) C'est ce que fit Pierre I", empereur de Russie : il commença
sa carrière militaire par être tambour dans l'un des régimens de sa
garde.

ni sûreté, ni aucune propriété inviolable; alors peut-on considérer comme honorable de défendre un tel pays, et le tyran qui continuellement le détruit et l'opprime, autant et beaucoup plus que ne le ferait l'ennemi, et enfin d'empêcher un autre tyran de vous délivrer du vôtre? Que peut nous ôter ce second, qui ne nous ait déjà été enlevé par le premier? Le nouveau tyran pourra, par une douceur nécessaire, vous traiter au commencement avec plus d'humanité que l'ancien. Je conclus donc que ne pouvant appeler patrie le pays où il n'y a ni sûreté, ni liberté, y porter les armes est toujours le plus infame de tous les métiers; car ce n'est rien autre chose que de vendre à vil prix sa propre volonté, ses parens, ses amis, sa vie et son honneur pour une chose honteuse et injuste.

CHAPITRE VIII.

DE LA RELIGION.

L'opinion quelconque que l'homme s'est faite, ou s'est laissé faire par autrui des choses qu'il ne comprend point, comme seraient l'ame et la divinité; cette opinion est d'ordinaire aussi pour le plus

souvent l'un des plus solides appuis de la tyrannie.
L'idée que le vulgaire se fait du tyran ressemble
tellement à l'idée que presque tous les peuples se
font de Dieu, qu'on pourrait en induire que le
premier tyran n'a pas été, comme on a coutume
de le supposer, le plus fort, mais bien le scruta-
teur le plus profond du cœur humain ; et ainsi, avoir
été le premier à leur donner une idée, quelle qu'elle
fût, de la divinité ; c'est pourquoi, chez un très grand
nombre de peuples, la tyrannie civile dérive de la
tyrannie religieuse. Souvent ces deux tyrannies se
sont réunies sur une seule tête, et presque toujours
elles se sont aidées l'une et l'autre.

La religion païenne, en multipliant ses dieux
indéfiniment, et en faisant du ciel une quasi-répu-
blique, soumettant Jupiter lui-même aux lois du
destin et aux coutumes et priviléges, de la cour
céleste, devait être, et fut en effet très favorable à
la liberté. La religion juive, et par conséquent les religions chrétienne et mahométane qui n'admettent
qu'un seul Dieu, absolu et maître terrible de toutes
choses, devaient être, ont été, et sont en effet
beaucoup plus favorables à la tyrannie.

Toutes ces choses ont déjà été dites par d'autres
écrivains, et je les abandonne, comme ne m'appartenant point. Je continue mon sujet, qui traite
principalement de la moderne tyrannie en Europe,
et je n'examinerai, de toutes les religions différentes,
que la nôtre, et seulement dans ses rapports avec
nos tyrannies.

La religion chrétienne, qui est presque la religion

de toute l'Europe, n'est pas par elle-même favorable à la liberté, mais la religion catholique est
à peu près incompatible avec elle.

Pour prouver la première de ces propositions, il
me suffira, je pense, de démontrer que la religion
chrétienne n'invite, ne persuade, ni n'exhorte en
aucune manière les hommes à vivre libres. Cependant
la première et la principale exhortation pour un
effet aussi important, les peuples devraient la recevoir de leur religion (1), puisqu'il n'y a rien qui
maîtrise davantage le hommes, qui leur inspire
plus fortement telle ou telle opinion, et qui les
porte avec plus de vigueur à exécuter de grandes
entreprises (2). Et, en effet, dans l'antiquité païenne
les Jupiter, les Apollon, les sibylles, les oracles,
commandaient à l'envi, aux différens peuples et
l'amour de la patrie et la liberté. Mais la religion
chrétienne, née chez un peuple esclave, non guerrier,
encore moins éclairé, et subjugué par les prêtres,
ne commandait que l'aveugle obéissance : elle ne
prononce même jamais le nom de liberté, et elle
assimile le tyran, prêtre ou laïc, entièrement à
Dieu.

Si l'on examine de quelle manière la religion
chrétienne se propagea, on verra qu'elle obtint

(1) La convention avait eu l'intention d'établir ce culte : elle avait
des fêtes en l'honneur de la liberté. Ne ferait-on pas bien de revenir
à ce culte.   (*Note du Traducteur.*)

(2) C'était par une conséquence de l'opinion religieuse des Romains, que Curtius se précipita dans un gouffre pour sauver l'état.

(*Note du Traducteur.*)

toujours une entrée plus facile dans les tyrannies
que dans les républiques. A la chute de l'empire
romain, où elle ne put trouver asile, sinon après
que la tyrannie militaire y eut tout à fait anéanti
toute liberté civile, les nombreuses nations barbares qui occupaient cet empire s'établirent ensuite en Italie, dans les Gaules, en Espagne et en
Afrique, sous le commandement de leurs divers
généraux, et elles embrassèrent peu de temps après
la religion chrétienne; et en voici la raison. Ces
généraux voulant rester tyrans, leurs peuples accoutumés aux douceurs de la liberté, quand ils
n'étaient plus en guerre, ne voulaient obéir à leur
général que comme soldats, et jamais au tyran comme
esclaves. Dans cette disparité d'humeur, le christia-
nisme s'interposa comme un moyen de juste milieu,
et par ce moyen on persuadait l'obéissance aux
peuples, et l'on assurait l'empire aux généraux devenus tyrans, d'où ceux-ci partagèrent avec les
prêtres une partie de leur autorité. Qu'on observe
encore, pour preuve simple de ce que je dis, que
l'autre partie de ces mêmes nations du nord, restées
dans leurs forêts, pauvres, simples et libres, furent
les derniers peuples de l'Europe qui adoptèrent la
religion chrétienne, bien plus par violence que par
voie de persuasion (1).

(1) Ce fut au huitième siècle que Charlemagne entreprit, les
armes à la main, de convertir les Saxons, qui occupaient alors à
peu près tout l'espace compris entre le Mein, le Rhin et la mer Bal-
tique, et qu'il y fit cette guerre terrible dont l'histoire lui fait un

Le peu de nations hors de l'Europe qui l'ont
adoptée, y furent contraintes le plus souvent par
la crainte et par la force. Telles sont les différentes plages de l'Amérique et de l'Afrique; mais
l'ardent fanatisme avec lequel elle était embrassée
à la Chine et au Japon prouve évidemment, comme
elle se plaît et prospère volontiers dans les tyrannies.

Ces nombreux abus forcèrent, avec le temps, quelques peuples beaucoup plus sages qu'inventifs, à lui
mettre un frein, et ils la dépouillèrent de ses su-
perstitions pernicieuses. Ces peuples connus aujour-
d'hui sous le nom d'hérétiques se rouvrirent, par là,
une route vers la liberté, qui renaquit chez eux après
avoir été proscrite de l'Europe : elle y prospéra suffisamment, comme le prouve la Suisse, la Hollande,
une partie de l'Allemagne, l'Angleterre et l'Amérique
du nord. Mais les peuples qui sans lui mettre un
frein ont voulu la conserver entière, (non pas telle
qu'elle a été prêchée par le Christ, mais telle qu'elle
a été défigurée par les prêtres avec art et fourberie),
ces peuples, dis-je, se sont privés pour toujours des
moyens de recouvrer la liberté. Maintenant, je dé-
duirai, non pas toutes les raisons, mais seulement
les principales, qui me déterminent à penser qu'un

reproche si mérité; il y fonda un grand nombre de couvens qui
existent encore. J'ai visité les suivans : l'un à Cassel, l'autre à
Haxter et l'autre à Peterborn. Le château de Napoléonshöhe a
été construit dans le siècle dernier sur l'emplacement de l'un de ces
couvens ; ainsi Charlemagne, pour rendre les Saxons chrétiens, employa tout à la fois les deux moyens indiqués par Alfiéri, le soldats
et les prêtres. (*Note du Traducteur.*)

état catholique ne peut, ou devenir véritablement libre, ou rester tel, en conservant le catholicisme (1).

Le culte des images, la présence réelle dans
l'eucharistie et autres points de dogme ne seront,
certes, jamais ceux qui, crus ou non, auront quelque influence sur la liberté politique. Mais *le pape,
l'inquisition, le purgatoire, la confession, le mariage devenu sacrement indissoluble, le célibat des
prêtres*, voilà les six anneaux de cette chaîne sacrée,
qui cimente véritablement la chaîne profane, à tel
point qu'elle en devient d'autant plus pesante et
d'autant plus *infrangible*. Et en commençant par la
première de ces six chaînes, je dis qu'un peuple qui
croit qu'un homme puisse représenter immédiatement Dieu; que cet homme ne peut jamais errer;
ce peuple est certainement un peuple stupide; mais
si, en ne le croyant pas, il est tourmenté et per-
sécuté pour cela par une force supérieure et réelle,
il en résultera que la première génération croira
au pape par peur, les enfans par habitude, et les
descendans par stupidité; voilà comment un peuple,
qui demeure catholique, doit nécessairement deve-

(1) Napoléon savait bien ce qu'il faisait, lorsqu'il rétablit le catholicisme en France ; lorsqu'au conseil-d'état on agita la question de
le nommer empereur, le conseil fut à peu près d'un avis unanime
qu'il devait abandonner la religion catholique, et se faire protestant.
Il savait encore ce qu'il faisait en s'y refusant. Par le même motif,
Charles X a protégé le catholicisme au-delà de toute mesure; cela
ne lui a pas réussi, par la raison que la liberté a pris le dessus dans
l'opinion. (*Note du Traducteur.*)

nir, par le pape et l'inquisition, un peuple très
ignorant, très esclave et très stupide.

« Mais, me dira-t-on, la trinité paraît certaine-
» ment à l'esprit humain une croyance tout aussi
» absurde que la croyance au pape et à l'inqui-
» sition. Les hérétiques y croient : ils sont donc
» tout aussi stupides que les catholiques. » Je réponds que les Romains croyaient aussi aux augures,
ce qui est beaucoup plus puéril et absurde : cependant ils étaient libres et puissans. Ils ne devinrent stupides, lâches et vils que, lorsque privés de
de leur liberté, ils crurent à la divinité de César,
d'Auguste et d'autres tyrans semblables et encore
plus mauvais. Ainsi, que l'on croie, ou non, à notre
trinité, comme cela ne tombe pas sous les sens,
cela ne peut jamais influer sur la vie politique;
mais l'autorité plus ou moins grande d'un homme,
une autorité illimitée sur les choses les plus importantes, et cachée sous le manteau sacré de la religion, a un grand nombre de conséquences, des
conséquences importantes, telles enfin qu'un peuple
qui, croit ou admet une pareille autorité se rend
esclave pour toujours.

Admettre la religion catholique sans y croire,
(c'est la situation actuelle de presque toute l'Europe catholique), me paraît être une de ces contra-
dictions humaines qui répugnent à la saine raison
si extraordinairement, qu'elle ne peut avoir une
longue existence. Il ne convient donc pas d'en parler davantage, mais les peuples qui admettent l'au-

torité du pape, parce qu'ils y croient, comme
étaient nos ancêtres, et sont aujourd'hui quelques
nations, nécessairement, ils y croient, ou par
crainte, ou par ignorance, ou par stupidité. Si
elles y croient par ces dernières raisons, il est évident qu'une nation stupide et ignorante ne peut,
dans l'état présent des choses, être libre. Mais si
les peuples y croient par peur, qui la leur inspire?
Ce n'est pas certainement les excommunications
papales, puisqu'ils n'y ajoutent pas foi. Ce sont
donc les armes et la force qui les épouvantent, et
les conduisent à feindre une croyance qu'ils n'ont
pas. Mais quelles sont ces armes? Quelle est cette
force? Ce sont les armes et la force du tyran qui
les opprime politiquement et religieusement. Donc,
les peuples obligés de craindre les armes de celui
qui les gouverne dans une chose qu'il devrait être
à la disposition de chacun de croire, ou de ne pas
croire, il en résulte que celui qui les gouverne est
nécessairement tyran, et que ces peuples, vu la
nécessité de leur croyance, ne sont et ne peuvent
jamais devenir libres; et en effet, ni Athènes, ni
Sparte, ni Rome, ni des républiques semblables,
n'obligèrent jamais les peuples à croire à l'infailli-
bilité des oracles, ni beaucoup moins encore à se
rendre tributaires, et aveuglément obéissans à un
prêtre étranger.

L'inquisition, ce tribunal qu'il suffit de nommer
pour faire frémir d'horreur, existe partout plus ou
moins puissant dans presque tous les pays catho-

liques. Le tyran s'en prévaut selon son bon plaisir, et il élargit, ou resserre l'autorité inquisitoriale,
selon le besoin qu'il en a. Mais cette autorité des
prêtres et des moines, (je veux dire de la classe la plus
cruelle, la plus dégagée de tout lien social, mais
en même temps la plus lâche), quelle influence au-
rait-elle par elle-même, quelle terreur pourrait-
elle faire éprouver aux peuples, si le tyran ne l'as-
sistait et ne la fortifiait de sa propre force effective?
Or, une force qui soutient un tribunal injuste et
tyrannique n'est certainement pas juste et légitime. Où existe l'inquisition, existe aussi indubitablement la tyrannie, et où existe le catholicisme, existe ou peut exister à chaque instant
l'inquisition. Ainsi il ne peut y avoir un peuple
vraiment catholique qui soit en même temps un
peuple libre.

Mais que dirai-je maintenant de la confession?
Je laisse en dire ce que tout le monde sait : que la
certitude d'être pardonné de tout crime quelconque, en le confessant seulement, sert beaucoup
plus d'aiguillon que de frein à l'iniquité. Je passe
encore sous silence tant d'autres choses qui, chaque
jour, dérivent de l'usage et de l'abus d'un tel sacrement. Je dis seulement qu'un peuple, qui confesse
ses actions, ses paroles et ses pensées, croyant par
ce moyen les révéler à Dieu; qu'un peuple qui,
entre autres péchés, est obligé de se confesser,
comme d'un des plus grands, du moindre désir de
se débarrasser du joug de la tyrannie, et de recou-

vrer sa liberté naturelle, ne peut être libre, et ne mérite pas de l'être (1).

La doctrine du *purgatoire*, en même temps cause et effet de la confession, contribue aussi beaucoup à avilir, à affranchir et par conséquent, à rendre esclaves les peuples catholiques. Pour racheter de cette peine leurs pères et leurs aïeux, avec l'espérance d'en être eux-mêmes rachetés par leurs enfans et leurs descendans, ces peuples donnent aux prêtres non seulement leur superflu, mais encore souvent leur nécessaire. De là la richesse excessive du clergé et des moines; de là sa connivence avec les tyrans; et de cette double conjuration, naît la double servitude des peuples : d'où, de pauvre que le peuple est d'ordinaire sous tout gouvernement quelconque, il devient, très pauvre par ce moyen de plus, dans la tyrannie catholique, et il doit y demeurer tellement avili, qu'il ne pensera et n'osera jamais essayer à reconquérir sa liberté. Au contraire, les prêtres qui devraient vivre d'aumônes, devenus très riches par le moyen de leur purgatoire, et, par conséquent, nombreux et superbes, sont toujours, dans tout gouvernement, portés et même forcés, par leurs richesses illégitimes et exor-

(1) Sous la restauration, les confesseurs ne manquaient pas d'interroger les domestiques sur ce que faisaient, ou disaient leurs maîtres, et leur demandaient quelles étaient les personnes qu'ils fréquentaient; cela est arrivé aux miens : mes domestiques me l'ayant rapporté, je n'en gardai pas le secret, et le dimanche suivant, le curé fit un violent sermon contre ceux qui révélaient ce qui se disait au confessionnal. (*Note du Traducteur.*)

bitantes, à s'allier avec les oppresseurs du peuple et à devenir eux-mêmes oppresseurs, pour conserver leurs richesses.

Du *mariage indissoluble*, dont les prêtres ont fait un sacrement (1), résultent avec évidence ces nombreux maux politiques que nous voyons tous les jours dans nos tyrannies : mauvais mari et plus mauvaise femme, mauvais père et plus mauvais enfans, et tout cela parce que l'indissolubilité du mariage ne resserre point les liens domestiques, mais, au contraire, en les perpétuant sans les adoucir, elle les corrompt et les brise en entier. Et finalement, comme les peuples catholiques sont forcément des époux perpétuels, ils ne sont d'ordinaire entre eux ni véritables maris, ni véritables épouses, ni véritables pères, et de même aussi, les prêtres catholiques étant forcément des célibataires perpétuels, ils ne sont ordinairement ni frères, ni

(1) Le pape et les prêtres savent très bien, lorsque leurs intérêts l'exigent, modifier leurs principes, et même ne pas les appliquer. Les Polonais forment un peuple catholique, et la noblesse polonaise formait, sous leur république, le peuple le plus libre de l'Europe ; aussi il n'existait en Europe aucun peuple où le divorce fût plus fréquent et plus en usage, et où les formalités en fussent plus faciles, et cependant le pape et les prêtres n'en ont jamais fait un péché aux Polonais. Lorsque l'influence de Napoléon eut fait admettre en Pologne le code civil, les mœurs de la liberté qui dominent les Polonais, l'emportèrent sur la loi. Aussi il n'y a aucun peuple en Europe où les ménages soient plus heureux, et où les femmes soient plus aimables et en même temps plus patriotes. Le patriotisme des Polonaises va jusqu'à l'exaltation, et ce qui est très remarquable, c'est que les époux divorcés n'en conservent pas moins l'un pour l'autre tous les égards d'une bonne amitié.

fils, ni citoyens ; car, pour connaître et pratiquer
avec vertu ces trois états, il faut connaître par expérience les passions qui dominent le cœur d'un
père et d'un mari. Des motifs que je viens de déduire, il me paraît résulter clairement, outre le
plus grand de tous qui sont les faits, qu'un peuple
catholique, déjà subjugué par la tyrannie, ne peut
facilement devenir libre, et en même temps rester
catholique (1). J'en donnerai ici un exemple, et je
pourrais en citer un très grand nombre. Lors de la
révolte des provinces hollandaises et de la Flandre,
les premières, qui étaient pauvres, et qui n'avaient
pu engraisser leurs prêtres, purent se faire protes-
tantes. Les secondes, riches, et qui nourrissaient
grassement des moines, des abbés et des évêques,
demeurèrent catholiques et esclaves. Voyons maintenant si un peuple, qui est déjà libre et catholique,
peut se maintenir long-temps l'un et l'autre.

Qu'un peuple subjugué par autant d'erreurs politiques qu'il en existe dans le catholiscisme, puisse
former un corps politique libre, la chose est cer-

(1) Si Napoléon eût adopté la religion protestante, comme le
voulait son conseil-d'état, la France serait devenue protestante, et
alors, non seulement il n'aurait pas été abandonné et trahi par les
prêtres catholiques, mais il aurait été vigoureusement défendu par
les ministres protestans, dont le sort dépendait du sien. Jamais occasion ne fut plus belle pour débarrasser la France de l'intolérance
des prêtres catholiques, car alors la France était indifférente sur
toute espèce de culte. Il en est à peu près de même aujourd'hui.
Quand donc aurons-nous un gouvernement qui nous délivrera du
pape et de ses soldats célibataires ? (*Note du Traducteur.*)

tainement très difficile ; mais alors même que cela
serait, je crois impossible qu'il conserve sa liberté !
un peuple qui croit à l'autorité infaillible et illimitée du pape est tout disposé à croire à un tyran, qui
avec de plus grandes forces effectives, et rendues
plus efficaces par le suffrage et les excommunications du pape même, persuadera ce peuple, ou le
forcera à obéir dans les affaires politiques, comme
il obéit déjà au seul pape dans les affaires religieuses : un peuple qui tremble devant l'inquisition,
combien plus ne tremblerait-il pas devant ces
mêmes armes qui soutiennent l'inquisition ? Un
peuple qui se confesse de cœur, peut-il ne pas être
toujours esclave de celui qui peut l'absoudre ? Je
dis plus : je dis qu'en l'absence d'un tyran laïc, il
en sortirait bientôt un autre du sein des prêtres,
ou, si un tyran sortait d'ailleurs, les prêtres approu-
veraient et le seconderaient à charge d'échange.
Cela est aussi prouvé par les faits (1). Dans les de-
mi-républiques italiennes on a vu jusqu'ici les prêtres beaucoup moins riches que dans les tyrannies
d'un seul. Un peuple enfin qui, privé lui-même de
son propre avoir, qui en prive ses parens, ses
propres fils, pour le donner aux prêtres célibataires
deviendra avec le temps si nécessiteux et si pauvre, qu'il ne pourra manquer de devenir la proie

---

(1) Exemples : Napoléon, Louis XVIII et Charles X.

(*Note du Traducteur.*)

de quiconque vondra le conquérir et le faire esclave (1).

J'ignore si c'est aux prêtres que l'on doit la
première invention de traiter comme chose sainte
et sacrée le gouvernement politique, ou si ce sont
les gouvernemens qui l'ont inventé en faveur du
sacerdoce. Cette idolâtrie réciproque et simulée
est certainement très ancienne, et nous voyons,
dans l'ancien testament, toujours les rois appeler
les prêtres sacrés, et les prêtres donner la même
qualification aux rois. Mais jamais nous n'entendons
ni les uns ni les autres appeler sacrés, ou considérer comme tels, les droits incontestables et naturels
de toutes les sociétés humaines. La vérité est que
presque tous les peuples de la terre ont été, sont,
et seront toujours, hélas!.... placés au milieu de
ces deux classes d'hommes qui, réciproquement,

(1) Le système des prêtres, pour dépouiller les familles, a été
suivi en France depuis seize ans, avec une rare activité; c'est ce
que tout le monde sait. Je vais citer deux faits, d'après lesquels on
pourra juger des autres. M. Andras, octogénaire, avait une fortune
de 120,000 fr. de rente, et n'avait qu'un fils. L'évêque de Nevers
aposta près de lui, à son lit de mort, un prêtre, qui lui fit copier le modèle d'un testament olographe, par lequel M. Andras donnait la moitié
de sa fortune à l'évêché de Nevers et autres établissemens religieux.
Le second fait n'est pas moins étonnant. Un M. Frebaut, médecin
à Nevers, avait pour ami un prêtre de cette ville, et M. Frebaut
avait quatre enfans. Le même évêque de Nevers aposta ce prêtre
près M. Frebaut mourant, et ce prêtre lui fit encore copier un modèle de testament, par lequel M. Frebaut donnait aux prêtres
30,000 fr. M. Frebaut ne copia ce modèle que pour se débarrasser
de son prêtre, mais il ne signa point, et la nullité de ce testament
rendit les prêtres de Nevers tout-à-fait ridicules. (Note du Trad.)

connaissent bien leurs iniquités , et qui malgré cela s'appellent réciproquement sacrées ; deux classes
d'hommes que les peuples ont souvent abhorrées,
quelquefois dévoilées, et toujours adorées.

Il est vrai d'un autre côté que dans ce siècle les
catholiques croient très peu au pape, que l'inquisition religieuse a très peu de pouvoir; qu'il n'y a
que les idiots et les imbéciles qui se confessent ;
que l'on n'achète plus d'indulgences, si ce n'est de
quelques moines filoux et vulgaires; mais dans ce
siècle, la milice supplée amplement au pape, à la
confession, à l'inquisition et aux indulgences. Je
m'explique. Maintenant le tyran obtient par la terreur qu'inspirent ses nombreux soldats perpétuels le
même résultat que celui qu'il obtenait auparavant
par la superstition et par l'ignorance totale des peuples. Peu lui importe maintenant que l'on ne croie
pas en Dieu, il lui suffit que l'on croie en lui seul.
Et de cette croyance, beaucoup plus vile et beaucoup moins consolatrice pour nous, font toujours
partie ses armées malfaisantes et continuelles.

Il y a néanmoins en Europe quelques tyrans
qui veulent masquer toutes leurs actions sous le
manteau de l'hypocrisie, et pour cela ils s'atta-
chent à soutenir le parti de la religion, pour
se faire considérer comme pieux, et plaire à la
foule, qui, jusqu'ici, la respecte et la croit. Tout
tyran, sage et rusé , doit en agir ainsi , soit pour ne
pas se priver, par une incrédulité inutile, d'une
aussi précieuse branche de l'autorité absolue, qui
est la colère des prêtres, administrée par lui, et

réciproquement la sienne, administrée par eux; en agissant autrement, il pourrait arriver qu'un fanatique de religion pourrait devenir un fanatique de liberté, et ceux-là sont moins rares et beaucoup plus ardens que ceux-ci. Mais pourquoi sont-ils moins rares? On doit en attribuer la cause à ce que le nom de religion est dans la bouche de tout le monde, et que celui de liberté est dans la bouche d'un très petit nombre, et presque dans le cœur de personne.

Le plus sublime de tous les fanatismes, et en même temps le plus utile, qui produirait des hommes plus grands qu'il n'en a jamais existé, serait celui qui créerait et propagerait une religion et un Dieu, qui, sous les peines les plus graves, recommanderaient aux hommes d'êtres libres; mais ceux qui ont inspiré le fanatisme religieux aux autres hommes, pour l'ordinaire, n'étaient jamais fanatiques eux-mêmes, et il leur était trop avantageux de l'inspirer pour une religion et un Dieu, qui commandait sévèrement aux hommes d'être esclaves.

CHAPITRE IX.

DES TYRANNIES ANCIENNES, COMPARÉES AUX TYRANNIES MODERNES.

Les mêmes causes ont certainement en tout temps, et en tous lieux, à quelques légères différences près, produit les mêmes effets; tous les peuples très corrompus ont été soumis à des tyrans, parmi lesquels il s'en est trouvé d'excessivement mauvais, des méchans, des moyens, et même encore des bons. De nos jours, les Caligula, les Néron, les Denys, les Phalaris, etc., sont très rares; et s'il s'en trouve, ils prennent un tout autre masque, et sont beaucoup moins cruels; d'où il résulte que la cruauté du tyran est toujours en raison de celle de ses sujets.

Nos tyrannies diffèrent en outre beaucoup des anciennes, encore que les soldats soient le nerf, la cause et la base, des unes et des autres. Je ne sais si la différence que je vais faire remarquer, a été observée avant moi. Presque toutes les anciennes tyrannies, et principalement la tyrannie des empereurs romains, naquirent et se fortifièrent par le moyen de la force militaire, établie sans aucun respect sur la ruine totale de toute force civile et légale. Au contraire les tyrannies modernes ont grandi, et se sont fortifiées par un pouvoir militaire tellement violent, mais tellement constitué, pour ainsi dire, qu'il en est sorti un pouvoir civil et légal, apparent ou réel, qui se trouvait déjà établi auparavant chez le peuple. A cela, servirent de prétexte plausible, les motifs de défense d'un état contre un autre. La conséquence fut plus sourdement tyrannique que chez les anciens, mais elle en fut, hélas! plus funeste et plus durable, parce qu'en tout, elle est cachée sous le manteau d'une puissance civile, légitime.

L'éducation des Romains se fesait au milieu du sang: leurs cruels spectacles, qui, au temps de la république, les rendaient vertueusement féroces, ne cessèrent pas pour cela d'être sanguinaires après qu'ils eurent perdu leur liberté. Néron, Caligula, etc., assassinaient leurs mères, leurs épouses, leurs frères, et quiconque leur déplaisait; mais Néron, Caligula, et autres monstres semblables, étaient aussi assassinés. Aujourd'hui, nos tyrans n'assassinent jamais ouvertement, du moins leurs parens, ils versent rarement le sang de leurs sujets sans nécessité, et encore ne le font-ils que sous l'apparence de la justice, mais aussi nos tyrans meurent de leur mort naturelle.

Je ne nierai pas que la religion chrétienne a beaucoup contribué à rendre les mœurs générales plus douces. Depuis Constantin jusqu'à Charles VI, qu'on lise dans l'histoire de tous les peuples intermédiaires qui, à la vérité ne méritaient pas une histoire, un si grand nombre de traits de férocité stupide, ignorante et mesquine. Néanmoins il faut attribuer en quelque sorte la moindre férocité universelle des mœurs, et une certaine urbanité dans la tyrannie, différemment modifiée, à l'influence de la religion chrétienne. Les tyrans, quelque ignorans et quelque superstitieux qu'ils soient, sont toujours lâches : ils se confessent aussi, et quoiqu'ils soient toujours absous de l'oppression et des vexations qu'ils ont fait éprouver à leurs sujets, de nos jours ils ne le seraient peut-être pas d'avoir ouvertement assassiné leur mère et leur frère, ou d'avoir mis à feu et à sang une de leurs villes ou de leurs cités, à moins qu'ils ne rachetassent à un prix énorme et sous la condition d'une soumission totale aux prêtres, l'énormité d'un si grand crime, passé hors d'usage. Est-ce un bien ou un mal que la moindre férocité des mœurs générales ait rendu les tyrannies beaucoup moins féroces, beaucoup moins cruelles, mais aussi beaucoup plus durables et sûres que ne l'étaient les anciennes ? Chacun peut en juger en comparant les faits et les influences des unes et des autres. Pour moi, devant en parler en très peu de mots, je dirai qu'il est difficile qu'un Néron puisse apparaître de nos jours, et exercer de pareilles cruautés (1). Mais qu'il est aussi très-difficile qu'il apparaisse un Brutus qui employe son courage et sa main à l'avantage du public.

CHAPITRE X.

DU FAUX HONNEUR.

Mais si les tyrannies anciennes et les tyrannies modernes se ressemblent pour avoir les unes et les autres la peur pour base, les soldats et la religion pour moyens; les modernes diffèrent des anciennes en ce qu'elles ont trouvé, dans le faux honneur et dans la noblesse héréditaire, un appui qui peut en assurer la durée pour toujours. Dans ce chapitre je traiterai du faux honneur; et à la noblesse qui, certes, je le sais, le mérite bien, je réserverai un chapitre à part.

L'honneur, mot déjà tant de fois défini par tous les peuples, et dans tous les temps différemment

(1) Don Miguel, tyran du Portugal, a donné un démenti à Alfieri.
(*Note du Traducteur.*)

entendu, est à mon avis indéfinissable, je me contenterai de l'interpréter d'une manière simple, et de la manière suivante : *C'est le désir et le droit d'être honoré par le plus grand nombre.*

Je distinguerai le faux honneur du vrai, en appelant faux ce désir d'honneur qui n'a pas pour cause et pour base la vertu de l'honoré, et l'utilité vraie de ceux qui l'honorent ; au contraire, j'appellerai véritable honneur ce désir d'honneur qui n'admet d'autre cause et d'autre base que la vertu utile, et mise en action. Cela posé, examinons ce qu'est l'honneur dans les tyrannies ; qui le professe ; à qui il profite ; et de quelles vertus il naît, et quelle vertu et quelle utilité l'excitent.

Dans les tyrannies, l'honneur répand partout lui-même que c'est une impulsion légitime qui pousse tous ceux qui y prétendent à ne point agir par peur ; le tyran, satisfait outre toute croyance que la peur masquée sous un autre nom produise néanmoins les mêmes effets, et même un plus grand effet à son profit, seconde de toutes ses forces cette illusion vulgaire. Par le simple nom d'honneur qu'il a toujours dans la bouche, il réussit à engager ses sujets dans de courageuses et magnifiques entreprises qui seraient véritablement honorables, si elles n'avaient pas lieu pour son avantage particulier, et contre le bien public. Mais si l'honneur veut dire, *le juste droit d'être véritablement honoré par les hommes de bien et honnêtes, pour l'utilité du plus grand nombre,* et si la vertu seule peut être la base d'un tel droit, comment le tyran peut-il jamais prononcer un tel mot? les sujets le répètent aussi à l'envi; mais si leur désir et leur droit d'être honoré se fondait sur la pratique de la véritable vertu, pourraient-ils servir le tyran qui nuit à tous, lui obéir, et l'aider dans ses méfaits? Et nous-mêmes, esclaves modernes, lorsque nous voulons nous rappeler la mémoire d'un homme justement honoré pendant un grand nombre de siècles par plusieurs peuples différens, et qui, par conséquent, a eu de grands honneurs, n'est-ce pas un Miltiade, un Thémistocle, un Régulus que nous nommons, et non pas un Spitridate, un Séjan, ou quelques autres esclaves semblables de la tyrannie? Nous-mêmes donc, et sans nous en apercevoir, honorant souverainement ces hommes libres, grands, justement honorables et honorés, nous montrons évidemment que le véritable honneur était le leur, et que le nôtre, qui lui est tout-à-fait opposé, est le faux; puisque nous n'honorons en rien la mémoire de ces prétendus grands dans la tyrannie.

Mais si l'honneur dans la tyrannie est faux, et, si, identifié avec la peur, il est le principal ressort d'un tel gouvernement; d'un faux principe, il devra en résulter, et en effet il en résulte, les plus fausses conséquences. Dans les tyrannies, l'honneur veut que l'on ne manque jamais de foi au tyran; dans les républiques, l'honneur veut que quiconque aspire à la tyrannie soit anéanti. Pour juger lequel de ces deux honneurs est le véritable, examinons rapidement quelle est cette foi que l'esclave doit toujours garder au tyran. Rompre la foi donnée est certaine-

ment une action qui doit déshonorer l'homme sous
toute espèce de gouvernement : mais la foi doit
être librement jurée : elle ne doit pas être extor-
quée par la violence : elle ne doit pas être main-
tenue par la terreur : elle ne doit être ni illimitée,
ni aveugle, ni héréditaire; mais par dessus tout, la
foi doit être réciproque (1). Tout tyran moderne,
en plaçant sur sa tête la couronne de son père, jure
aussi à ses sujets une foi quelconque, qui avait déjà
été rompue et annulée par le père, et qui le sera
également par le fils. Le tyran est donc toujours
le premier à être parjure et *briseur* de sa foi : il est
donc toujours le premier à fouler aux pieds son
propre honneur et tout ce qui appartient à autrui.
Et ses sujets perdraient leur honneur en rompant
eux-mêmes cette foi qu'il a lui-même évidemment
rompue. La prétendue vertu, dans ces cas si fréquens dans les tyrannies, est donc en opposition
directe avec le véritable honneur, puisque si un
particulier manque à sa foi, l'honneur même des
tyrannies impose l'obligation de la lui faire observer
par force, pour venger de cette manière le mépris
qu'il a montré en la rompant. Évidemment donc,
il est faux cet honneur, qui veut que l'on garde
respect, amour et foi à celui qui ne garde, ou peut

(1) Ces vérités, énoncées par Alfieri, sont évidentes, et n'ont pas
besoin de démonstration : elle n'en sont pas moins méconnues par
tous les tyrans, et le furent aussi par Charles X. En les publiant,
je crois rendre un service égal aux peuples, et à ceux qui les gouvernent.   (*Note du Traducteur.*)

impunément ne pas garder aucune de ces trois choses à personne. De ce faux honneur, il résulte une conséquence des plus fausses; c'est celle qui fait considérer comme légitime, indestructible et sacrée, cette autorité que l'honneur même force à maintenir et à défendre.

C'est de cette manière que les noms et les choses sont, dans les tyrannies, dénaturés et en confusion. Ainsi, par exemple, les caprices écrits du tyran s'intitulent du nom sacré de lois, et se respectent et s'exécutent comme telles : c'est ainsi que, dans la tyrannie, on appelle risiblement patrie cette terre où l'on est né, parce qu'on ne réfléchit pas que la patrie est là seulement où l'homme exerce librement, et sous la sécurité d'invariables lois, les droits qu'il tient de la nature. C'est ainsi que, dans la tyrannie, on ose appeler sénat, du nom des patriciens romains librement choisis, cet amas informe de vieillards, CHOISIS PAR LE PRINCE, vêtus de pourpre, et spécialement savans dans l'art de la servitude. C'est ainsi enfin que, dans la tyrannie, l'on donne le titre sacré d'honneur à l'impossibilité démontrée d'être justement honoré par les hommes vertueux, et d'être véritablement utile à sa patrie.

Mais pour nous assurer de plus en plus que notre honneur est le faux honneur, comparons-le encore, et avec plus d'étendue, à l'honneur dans les républiques de l'antiquité, dans ses causes, ses moyens et ses effets, et certainement, nous rougirons aussitôt de proférer un tel mot ; si nous disions que cet honneur ne nous est pas tout-à-fait connu, une telle ignorance excuserait au moins en partie notre infamie. Il commandait, cet honneur antique, à ces peuples libres, de sacrifier leur vie pour leur liberté, c'est-à-dire, pour le plus grand avantage de tous; l'honneur moderne commande de donner la sienne pour le tyran, c'est-à-dire, pour celui qui nuit souverainement à tous. L'antique honneur voulait que les injures particulières cédassent toujours aux injures publiques; l'honneur moderne veut que les injures publiques soient comptées pour rien, et que l'on venge d'une manière atroce les injures privées. Il voulait encore, l'antique honneur, que l'on conservât un amour et une fidélité inviolables à la patrie seule; le nôtre ne le veut et ne le commande que pour le seul tyran. Et je n'en finirais pas, si je voulais annoter ici tous les préceptes de l'un et de l'autre honneur, en toutes choses contraires entre eux.

Mais les moyens pour être honoré, non moins des peuples esclaves que des peuples libres, sont toujours le courage, et une vertu certaine, avec cette grande différence, néanmoins, que dans les républiques l'honneur séparé de tout intérêt particulier se sert à lui-même d'une récompense pure, et que, dans les tyrannies, cet honneur, employé qu'il est au profit du tyran, est toujours entaché par les récompenses et les faveurs, qui, distribuées avec plus ou moins de profusion par le prince, ou le diminuent dans le cœur des esclaves, ou il s'y éteint tout-à-fait, si elles sont déniées.

6

Les conséquences de ces deux différentes espèces d'honneur sont très faciles à déduire : liberté, grandeur d'ame, vertu domestique et publique, le nom et l'heureux état de citoyen, tels étaient les doux fruits de l'antique honneur ; tyrannie, cruauté inutile, vile cupidité, servitude et crainte, tels sont incontestablement les fruits de l'honneur moderne. Enfin les Grecs et les Romains étaient le produit du véritable honneur bien dirigé. Tous les peuples de l'Europe, moins les Anglais, sont le produit de faux honneur moderne. En comparant entre eux ces peuples, la différence de leur félicité et la puissance qu'ils ont acquise (1); ce qu'ils ont fait; la réputation qu'ils ont acquise, ou celle qu'ils méritent, on arrive à avoir une mesure large et parfaite de ce que peut, dans le cœur de l'homme, ce désir si naturel d'être honoré avec justice, alors que ce désir est bien dirigé, et augmenté par des gouvernemens sages, ou alors qu'il est diminué, ou détourné de son véritable but par des gouvernemens tyranniques.

Dira-t-on ! que le principe soit bon ou mauvais, toujours est-il vrai que sacrifier sa propre vie, maintenir par ce sacrifice la foi jurée, l'exposer pour

(1) Quoique les Français soient entrés dans la carrière de la liberté, long-temps après les Anglais, il est incontestable que les Français les y ont dépassés de beaucoup, et il faudra long-temps aux Anglais pour se mettre, à cet égard, au niveau de la France, malgré les obstacles immenses que la liberté française a eus à vaincre, dans la longue lutte qu'elle a soutenue contre toute l'Europe, et même contre les Anglais.   (*Note du Traducteur.*)

venger une injure privée, tout cela suppose néanmoins toujours une grande vertu. Je réponds : Ce
serait une folie de nier qu'il y a dans les tyrannies
un grand nombre d'hommes capables de vertus;
seulement je gémis en moi-même de la voir faus-
sement employée à soutenir le vice, et ainsi à se
dénaturer et à se détruire elle-même, et certainement aucun écrivain politique n'osera appeler vertu
un effort qui, quoique très sublime, doit produire,
au lieu du bien public, le malheur de tous, et le
prolonger.

Maintenant, pourquoi donc un si grand nombre
d'hommes, imbus du faux honneur, prodiguent-ils
cette même vie pour le tyran ? Pourquoi ne la sa-
crifient-ils pas, avec plus de raison, et une égale
vertu, pour lui arracher la tyrannie ? Et cette valeur
inutile, puisqu'il n'en résulte aucun bien, cette valeur effrénée, qui sert dans les tyrannies à venger
les injures privées, pourquoi ne l'emploie-t-on pas
contre le tyran, qui ne cesse jamais un seul moment
d'offenser tout le monde au plus haut degré ? Et
cette foi obstinément aveugle que l'on garde à l'ennemi de tous, pourquoi ne la jure-t-on pas, et ne
l'observe-t-on pas avec la même résolution et avec
plus de vertu pour ressaisir les droits sacrés et indes-
tructibles de l'homme ?

Dans les tyrannies où les individus en sont réduits
à ce point, quelle que soit l'impulsion qu'ils aient
reçue de la nature pour exécuter de grandes choses,
ils s'appuieront toujours sur le faux honneur, tant
qu'ils ne sauront pas, ou ne voudront pas fouler aux
pieds l'honneur moderne et reconquérir l'ancien.

CHAPITRE XI.

DE LA NOBLESSE.

Il existe une classe d'hommes qui fait preuve, et se vante d'être illustre depuis plusieurs générations, encore qu'elle soit oisive et inutile : elle s'appelle NOBLESSE. On doit la considérer, non moins que la classe des prêtres, comme l'un des plus grands obstacles à la liberté, et l'un des plus féroces et des plus permanens soutiens de la tyrannie.

Quoique quelques républiques très libres, comme Rome, par exemple, eussent aussi dans leur sein cette classe d'hommes, il faut observer que les Romains l'avaient déjà, lorsqu'ils passèrent de la tyrannie à la liberté ; que cette noblesse fut toujours le plus grand fauteur des Tarquins ; que les Romains n'accordèrent plus, depuis lors, la noblesse qu'à la seule vertu ; qu'il a fallu toute la constance et toute la vertu politique de ce peuple pour empêcher pendant tant d'années les patriciens de se faire tyrans, et qu'enfin, après une longue et inutile résistance, force fut à ce peuple, qui croyait les vaincre, de se soumettre à eux. Enfin, les Césars étaient patriciens, et, couverts du masque de Marius, ils feignirent de venger le peuple contre les nobles, et les subjuguèrent les uns et les autres.

Je dis donc que si les nobles existent dans les républiques avant qu'elles naissent, tôt ou tard ils les détruiront et les feront esclaves, alors même qu'ils ne seraient d'abord pas plus puissans que le peuple; mais dans une république, où il n'en existe point, un peuple libre ne doit jamais en créer dans son sein, ni jamais détacher de la cause commune aucun individu, ni, beaucoup moins encore, en détacher à perpétuité une classe entière de citoyens; cependant, d'un autre côté, il est très utile à l'émulation et à une meilleure discussion des affaires publiques d'avoir dans une république une assemblée moins nombreuse, mais plus vertueuse que l'assemblée générale: un peuple libre peut y pourvoir en créant lui-même cette assemblée, mais en la créant à vie ou à temps, et jamais héréditaire (1); par là, cette assemblée pourra faire dans la république le bien que, peut-être, la noblesse y pourrait faire, sans jamais pouvoir y faire le mal que la noblesse y fait tous les jours.

Telle est la nature de l'homme que plus il a, et plus il désire, et d'autant plus fortement qu'il se trouve en position de prendre davantage. A l'assemblée des nobles héréditaires, qui ont la primatie et les richesses, il ne manque rien autre chose qu'une

(1) Ce principe d'Alfieri semble établi pour notre époque. Que nos chambres en profitent donc ! ! !

(*Note du Traducteur.*)

grande autorité ! ils ne pensent à rien autre chose qu'à l'usurper ! ils ne le peuvent par force, parce qu'ils sont toujours beaucoup moins nombreux que le peuple. C'est donc par art, par corruption ou par fraude qu'ils tentent cette usurpation; mais, ou ils s'accordent tous entre eux, ou par jalousie les uns des autres l'autorité usurpée reste entre les mains d'eux tous, et alors c'est la tyrannie aristo-cratique, ou bien, parmi les nobles, il s'en trouve un plus rusé, ayant plus de talent que les autres, alors il en trompe une partie; il persécute, ou détruit l'autre, et, feignant ensuite de prendre le parti et la défense du peuple, se fait maître absolu de tous, et voilà la tyrannie d'un seul. C'est ainsi que toute tyrannie a toujours pour origine la primatie héré-ditaire du petit nombre; car la tyrannie porte tou-jours avec elle, nécessairement, le dommage et la ruine du plus grand nombre, et elle ne peut, par conséquent, recevoir son origine de la totalité des citoyens, ni être long-temps exercée par cette to-talité, qui ne peut jamais vouloir le dommage et la ruine d'eux-mêmes.

Je conclus donc, en ce qui concerne la noblesse héréditaire, que dans les républiques, où elle est déjà établie, elles ne peuvent vivre long-temps libres de la véritable liberté politique, et que, dans les tyrannies, cette vraie liberté ne peut jamais s'y établir; et, en supposant qu'elle puisse s'y établir, elle ne pourra s'y maintenir tant qu'il y restera des nobles héréditaires ! et, dans leurs révolutions les tyrannies ne changeront jamais que de tyran, tant que, du même coup, on ne renversera pas et le tyran et la noblesse. Ainsi, quoique les Romains eussent chassé les tyrans Tarquins, les patriciens étant restés, après le danger commun passé, beaucoup plus puissans que le peuple, Rome ne fut véritablement libre et grande que par la création des tribuns. Cette magistrature populaire, marchant d'égal à égal avec la puissance patricienne, et étant assez puissante pour la contenir, et pas assez pour la renverser, força cependant long-temps les nobles de rivaliser de vertu avec le peuple, ce qui produisit pendant tout ce temps l'avantage de tous. Mais le mal originaire n'en exista pas moins, et par l'accroissement de leur puissance et de leurs richesses, regerma plus que jamais l'orgueil et la corruption des nobles, et ensuite, ainsi corrompus, ils renversèrent en peu de temps la république.

Il a été savamment et avec une grande vérité observé par notre grand Machiavel, et avec plus d'ordre par Montesquieu, que la rivalité entre la noblesse et le peuple romain avait été pendant plusieurs siècles le nerf, la grandeur et la vie de Rome. Mais la vérité, toujours sacrée, exigeait encore que ces deux grands hommes remarquassent que ce furent ces mêmes dissensions qui causèrent enfin la ruine entière de la république, et ils devaient expliquer amplement, pourquoi et comment la chose arriva. Je suis porté à penser que si ces deux génies avaient voulu, ou osé porter plus loin leurs réflexions et leurs raisonnemens, ils auraient trouvé que la cause principale d'une ruine aussi entière était la noblesse héréditaire. Si les dissensions, ou pour mieux dire, la différence d'opinion,

sont nécessaires dans une république, pour maintenir la vie et la liberté, il faut aussi convenir que les
différences d'intérêt sont très pernicieuses, et de nécessité mortifères, lorsque l'un de ces intérêts parvient à vaincre l'autre entièrement. Maintenant on
ne peut nier, je pense, que toute primatie héréditaire
du petit nombre fait naître, dans ce petit nombre,
un intérêt différent, et contraire à l'intérêt de tous;
et voilà le vice radical qui fait que, dans un état où
il existera une classe de nobles et des prêtres, ils
seront toujours le scandale, la corruption, et la
ruine du peuple. Les nobles, parce qu'ils sont héréditaires, seront toujours plus dangereux que les
prêtres qui sont électifs, mais pour dire la vérité, les
prêtres y suppléent amplement par leurs maximes
héréditaires, et impolitiques dont chacun d'eux
s'empare en prenant la tonsure et la soutane, et
pour perfectionner ce malheur commun, les premières dignités de l'église ont coutume de tomber
exclusivement entre les mains des nobles; d'où il
résulte que les prêtres sont doublement domma-
geables au bien public.

Il existe en Angleterre jusqu'ici, et des nobles,
et la liberté, et malgré cela, je ne changerai rien à
l'opinion que je viens d'émettre. Qu'on remarque
d'abord que toutes les anciennes familles de la noblesse anglaise ont presque toutes péri dans les
fréquentes et sanguinaires révolutions de ce pays (1);

(1) Il en est de même, et bien autrement en France. En France,
l'ancienne et la nouvelle noblesse y sont sans crédit, sans pouvoir:
leur existence dépasse le mépris.

(*Note du Traducteur.*)

que les nouveaux nobles sortis récemment du sein
du peuple par la faveur du roi, ne peuvent, dans
un pays libre, prendre ni en une, ni en deux générations cet orgueil, et ce mépris du peuple où se
trouvent encore et leur parens, et leurs amis ; orgueil, dis-je, qui est bu avec le lait par les nobles
anciens entièrement détachés, dans nos tyrannies, de
temp immémorial du peuple dont ils ont été long-
temps les oppresseurs, et les tyrans ; que les nobles
en Angleterre pris en eux-mêmes, sont moins puissans que le peuple ; qu'unis avec le peuple, ils sont plus
puissans que le roi, et qu'unis avec le roi, ils ne
sont pourtant jamais plus puissans que le peuple.
Qu'on observe en outre, que si la république anglaise
paraît en quelque chose plus solidement constituée
que la république romaine, c'est qu'en Angleterre
les dissensions permanentes et vivifiantes n'existent
pas entre la noblesse et le peuple, comme à Rome,
mais bien entre le peuple et le peuple, je veux dire,
entre le ministère, et quiconque est en opposition
avec lui. Ainsi les dissensions n'étant point produites
par la différence des intérêts héréditaires, mais par
la différence d'une opinion passagère, elles deviennent beaucoup plus utiles que nuisibles, puisque personne n'est tellement attaché à un parti, qu'il ne
puisse très souvent passer dans le parti contraire, aucun des deux n'ayant des intérêts, constamment opposés, et incompatibles avec le véritable bien de
tous. Une noblesse aussi heureusement modifiée
comme la noblesse anglaise paraît l'être, est donc
beaucoup moins nuisible que tout autre ; et pour
qu'elle puisse devenir véritablement utile au bien

public, il ne lui manque peut-être rien autre chose
que de ne pas être héréditaire. Une classe d'hommes
distingués, et membres inamovibles du gouvernement qui serait créé par la seule véritable vertu,
et par les libres suffrages du peuple, deviendraient
véritablement honorables et justement honorés (1);
il en résulterait la plus grande émulation de vertu
parmi ceux qui aspireraient à en faire partie, mais si
malheureusement une telle classe est héréditaire,
alors même qu'elle serait créée par de libres et vertueux suffrages. Pour chaque individu anglais que
l'on verrait créé noble héréditaire, on perdrait par
ce moyen une race entière qui se trouve ainsi dé-
tachée de l'intérêt commun; et en dehors de l'avantage de tous, et sans aucune émulation pour bien
faire. De là il résulte qu'en Angleterre, la noblesse
quoique un peu moins pernicieuse que dans les
tyrannies, pouvant être multipliée par le roi, selon
son bon plaisir et sans aucune limite; se croyant
plus grande que le peuple, étant, et plus riche, et
plus oisive, et plus corrompue que ne l'est le peuple,
les nobles en Angleterre seront dans tous les temps
beaucoup plus portés à favoriser l'autorité du roi,
qui les acréés, et ne peut les détruire, qu'à favoriser
l'autorité du peuple qui ne peut les créer, et
pourrait les détruire; c'est pourquoi en Angleterre
les nobles, comme ils ont été partout ailleurs, seront,
ou sont déjà les corrupteurs de la liberté, si le

(1) Voilà ce que doit faire notre nouvelle assemblée constituante :
qu'elle en croie Alfieri, qui certes ne pensait pas à elle en 1777.
                                        (*Note du Traducteur.*)

peuple ne parvient à les abaisser davantage. Mais la république n'étant point mon sujet, j'ai assez, et peut-être trop parlé jusqu'ici des nobles dans les républiques ; je dois donc m'occuper ici de parler des nobles dans nos modernes tyrannies.

Après la chute de l'empire romain, les provinces en furent partagées, comme chacun sait, entre différens peuples, et un nombre infini d'états naquit de cet empire immense. Dans tous s'éleva une nouvelle forme de gouvernement jusqu'alors inconnue : elle consistait en ce que plusieurs petits tyrans rendaient hommage à un seul plus puissant, et tenaient sous le titre de feudataires, leurs peuples dans l'oppression et la servitude. Quelques uns de ces tyrans feudataires devinrent si puissans, qu'ils purent se révolter, et se créer des états indépendans. Plusieurs des tyrans actuels de l'Europe, sont de la race de ces seigneurs feudataires; par fortune contraire, plusieurs des tyrans souverains se firent avec le temps assez puissans pour détruire, ou abattre tout-à-fait ces sous-tyrans et demeurer seuls les maîtres. De quelque manière que cela soit arrivé, le peuple qui fut soumis au tyran le plus fort, ou aux tyrans plus faibles, n'en porta pas moins tout le poids de ses chaînes : ainsi il est vraisemblable que les tyrans plus puissans après avoir assuré et agrandi leurs états, ayant par conséquent une puissance plus illimitée et moins d'ennemis, eurent moins d'égard pour leur malheureux troupeau, et devinrent ainsi son oppresseur avec beaucoup plus de certitude d'impunité.

Mais autant que les nobles feudataires avaient

été à craindre pour le tyran, tant qu'ils avaient
eu la force et l'autorité; autant ils avaient été un
obstacle, et jusqu'à un certain point un frein à la
tyrannie complète d'un seul, autant ensuite ils
en devinrent la base et l'appui aussitôt qu'ils furent
dépouillés de leur autorité, et de leur force. Les tyrans
se prévalurent du peuple même, pour abaisser
les tyrans féodaux(1), et le peuple qui avait tant
d'injures à venger, se rangea facilement sous les
drapeaux de ce seul, et plus grand tyran, contre
un si grand nombre de petits. Alors tel de ces
petits tyrans, se donna au tyran le plus fort, et
tel autre se révolta contre lui (2). Mais qu'ils fussent gagnés ou vaincus, tous, ou presque tous
succombèrent avec le temps. Ce n'est pas toutefois
que le mal qui résultait de cette tyrannie secon-
daire de la féodalité, se soit jamais éteint entièrement, et que la servitude en ait été en rien diminuée:
l'autorité, et la force du tyran unique en étant
devenues plus grandes, les tyrans comprirent très
bien la nécessité de maintenir entre eux et le
peuples une classe qui paraissait un peu plus puissante que le peuple, et est beaucoup moins puissante
qu'eux. Ils comprirent encore mieux qu'en distri-
buant à cette classe tous les honneurs et toutes les
charges, ils deviendraient avec le temps les satel-

(1) Exemple : Louis-le-Gros, roi de France, qui établit le premier les communes en France.   (*Note du Traducteur*).

(2) C'est ici l'histoire d'Henri IV, qui transigea à prix d'argent,
avec tous les seigneurs féodaux. Voir à ce sujet les *Mémoires de
Sully*.   (*Note du Traducteur.*)

lites les plus féroces, et les appuis les plus solides
de leur tyrannies.

En cela, les tyrans ne se trompèrent point! les
nobles furent bien dépouillés de leur force, et de
leur autorité; mais il ne le furent pas entièrement de
leurs richesses et de leur orgueil, et d'un autre côté
ils comprirent très bien qu'ils ne pouvaient plus
continuer d'être considérés, dans la tyrannie, comme
plus grands que le peuple, autrement qu'en y ré-
fléchissant la splendeur du tyran. L'impossibilité
où ils se trouvèrent de reconquérir leur ancienne
puissance, les força d'adapter leur ambition à la
nécessité des temps : le peuple n'avait certes pas
oublié leur ancienne oppression ; le peuple les
abhorrait, parce qu'il les croyait encore trop puissans : le peuple enfin était trop lâche pour les secourir, alors même qu'il l'aurait voulu, et les nobles
virent évidemment qu'ils n'avaient aucun espoir
d'obtenir un changement en leur faveur; ils se
jetèrent donc entièrement dans les bras du tyran,
et le tyran qui ne les craignait plus désormais, et
qui voyait combien ils pouvaient être utiles à la
propagation de la tyrannie, les choisit pour en
être les dépositaires, et le soutien.

Et voilà pourtant cette noblesse que nous voyons
tous les jours si insolente envers le peuple, et si
lâche en présence des tyrans. Dans toute tyrannie,
la classe de la noblesse est toujours la plus corrompue,
et c'est pourquoi elle en est le principal ornement,
le plus grand opprobre de la servitude, et l'objet
du mépris de tout ce qui pense. Dégénérés de leurs

aïeux, en ce qui concerne la fierté, les nobles ont les premiers inventé toute espèce de flatterie, et les plus lâches prostitutions envers le tyran; mais ils n'en ont pas moins conservé tout leur orgueil, toute leur cruauté à l'égard du peuple. Ainsi devenus de plus en plus féroces à son égard, à cause de la perte de leur puissance effective, ils le tyrannisent autant et plus qu'ils le peuvent avec les verges même du tyran, s'il le permet : mais s'il le défend, ce qui arrivait rarement avant l'établissement de la milice perpétuelle, ils ne manquent pas cependant l'occasion de l'opprimer en cachette autant qu'ils le peuvent.

Mais depuis l'établissement en Europe des armées perpétuelles, et que les tyrans se sont vus armés, et effectivement puissans; alors ils ont commencé à beaucoup mieux considérer la noblesse, et à la soumettre aussi elle-même, et ainsi que le peuple à la justice, alors que la chose leur était utile, ou qu'il leur plaisait de le faire. Le but politique du tyran était de paraître impartial, de regagner l'affection du peuple, et de rejeter sur les nobles, l'odieux des gouvernemens précédens. Je suis porté à croire que si le tyran pouvait aimer une classe quelconque de ses sujets, soit le peuple, soit les nobles, d'ailleurs également vils; son inclination le porterait encore plus volontiers vers le peuple, alors qu'il sentirait que pour tenir le peuple en respect, il a toujours besoin de la corruption naturelle de la noblesse, je veux dire, des plus riches, et des plus illustres. De ce demi-amour,

ou plutôt de cette moindre haine du tyran pour
le peuple, j'en indiquerai la cause suivante. La
noblesse, quelque ignorante et quelque mal élevée
qu'elle soit, est un peu moins opprimée, et est plus
dans l'aisance que le peuple; elle a le temps et les
moyens de réfléchir plus que lui; elle s'approche
beaucoup plus souvent du tyran. Elle en étudie,
et en connaît mieux le caractère, les vices, et la
nullité. Que l'on ajoute à tout cela, le besoin que
le tyran croit quelquefois avoir des nobles! et de
tout cela, il sera facile de comprendre cette haine
innée que le tyran conserve contre eux dans son
cœur. Il ne peut et ne doit pas vouloir que
l'on pense, et quiconque l'épie et le connaît
ne peut lui être agréable. C'est de cette haine in-
térieure que dérive cette pompe de popularité dont
plusieurs tyrans modernes se vantent, ainsi que
les si fréquentes mortifications qu'ils font éprouver
à leur noblesse, et le peuple, satisfait de voir ces
petits tyrans abaissés, supporte plus volontiers
l'oppresseur commun, et l'oppression commune.
Les nobles rongent leurs fers, mais ils sont trop
corrompus, trop efféminés et trop faibles, pour les
rompre. Le tyran, placé entre le peuple et les
nobles, leur distribue aux uns et aux autres, beaucoup d'humiliation et quelque douceur, et c'est
ainsi que se corrobore toujours, et se perpétue la
tyrannie. Il ne détruit pas les nobles, si ce n'est
les plus anciens, et il en crée de nouveaux, non
moins orgueilleux avec le peuple, mais qui lui sont
plus soumis et plus dévoués, et le tyran ne les dé-

truit pas tous, parce qu'ils les croit, et qu'ils sont
en effet, une partie essentielle de la tyrannie. Il ne
les craint point, il est armé; il ne les estime pas,
il les connaît; il ne les aime point, ils le connaissent. Le peuple ne murmure point du fardeau des
armées : il ne raisonne point. Et il les craint, mais
c'est avec une grande joie qu'il voit que par le
moyen des armées, les nobles ne sont ni moins
sujets, ni moins tremblans que lui.

Les nobles héréditaires sont donc une partie
intégrante de la tyrannie, parce que la vraie liberté
ne peut long-temps exister là où existe une classe
privilégiée, qui n'est pas telle par vertu et par élection. Mais la milice perpétuelle étant devenue dorénavant une partie plus intégrante de la tyrannie,
encore que la noblesse le soit aussi, a ôté aux nobles
la possibilité de résister aux tyrans, et a diminué
en eux celle d'opprimer le peuple.

CHAPITRE XII.

DES TYRANNIES ASIATIQUES, COMPARÉES AUX TYRANNIES D'EUROPE.

Il paraît qu'un grand nombre de tyrannies de
l'orient ont oublié jusqu'ici que les nobles étaient

une partie essentielle et nécessaire de la tyrannie,
ainsi que je l'ai dit en parlant de la tyrannie euro-
péenne, car en Asie il n'existe aucune noblesse
héréditaire, et au premier aspect, on n'y aperçoit
aucune autre distinction d'ordre, qu'un seul maître
et tous les autres également esclaves. A dire la
vérité, l'Asie dans tous les temps, non seulement
n'a pas connu la liberté, mais elle fut presque toujours soumise toute entière à des tyrannies inouïes
exercées dans les plus vastes régions, et où jamais
la liberté civile n'a paru, où jamais il n'y eut de
stabilité, ni aucune loi qui n'ait succombé au premier caprice du tyran, excepté toutefois les lois
religieuses. Malgré cela, je ne désespère pas de
prouver qu'en tout temps, et en tout lieu, la
tyrannie est tyrannie; que, pour se conserver, elle
emploie les mêmes moyens et produit, quoique
sous un aspect différent, exactement les mêmes
effets.

Je n'examinerai pas pourquoi il en est ainsi des
peuples de l'Orient : je ne pourrais en alléguer que
des raisons beaucoup plus conjecturales que démons-
tratives; ou elles ont déjà été indiquées, ou elles
le seront par d'autres beaucoup plus savans et
beaucoup plus profonds que je ne le suis. Mais en
partant d'un point donné, je dis que la peur, les
soldats et la religion, sont aussi les trois bases et
les ressorts des tyrannies asiatiques, comme ils le
sont des tyrannies européennes, et qu'ils sont le
plus solide appui des tyrans de l'Asie, comme ils
le sont de ceux d'Europe. Le faux honneur, dont

j'ai déjà parlé, ne paraît pas au premier coup d'œil avoir quelque place dans l'esprit et dans le cœur des orientaux ; mais pourtant si l'on y fait bien attention, on trouvera qu'ils le connaissent aussi, et qu'ils le pratiquent. Pour ces peuples le tyran est un véritable article de foi ; ils ont pour la religion beaucoup plus de respect que nous : ainsi, en tout ce qui regarde l'un et l'autre, ils le tiennent en très grand honneur. Il n'y a point d'exemple que les mahométans se fassent chrétiens, comme on voit tous les jours des chrétiens se faire renégats. Ainsi les religions asiatiques et surtout la mahométane qui est plus crue, mieux observée, et beaucoup plus puissante que ne le sera jamais la religion chrétienne, suppléent largement à tout ce que pourraient faire en faveur des tyrannies orientales la noblesse héréditaire et la milice perpétuelle, telles que nous les avons en Europe.

Mais quoique la noblesse héréditaire n'existe pas dans une grande partie de l'Orient, excepté toutefois à la Chine, au Japon et dans plusieurs états des Indes : ce qui n'est pas certainement une petite portion de l'Asie, néanmoins, dans les pays mahométans, les principaux instrumens de la tyrannie sont, comme dans les états chrétiens, les prêtres, les chefs de la milice, les gouverneurs de province et les courtisans, et tous, bien qu'ils ne soient pas nobles doivent cependant être considérés comme une classe qui est plus que le peuple et moins que le tyran ; qui reçoit du tyran l'éclat et l'autorité, et qui, par conséquent, occupe exactement dans les tyrannies de l'Asie la même place que la noblesse héréditaire occupe dans les tyrannies européennes (1). Il est vrai que chez les nobles d'Asie, qu'ils meurent de mort naturelle ou violente, la noblesse ne passe point aux enfans, mais aussi ils sont immédiatement remplacés dans leurs emplois, par d'autres qui, quoi-

(1) Dans la guerre d'Égypte, Napoléon avait eu occasion d'observer l'engrainage du gouvernement turc. Cet engrainage paraît lui avoir servi de modèle pour sa constitution de l'an XIII, qui lui donne le droit de nommer à tous les emplois publics, soit directement, pour les emplois importans, soit indirectement, pour les emplois subalternes. En Turquie, le sultan choisit ses pachas parmi les esclaves de son sérail, Napoléon choisissait ses préfets parmi ses courtisans, qui sont certes bien une autre espèce d'esclaves. Louis XVIII et Charles X ont suivi le même système. Le roi de France actuel le suit encore : d'où il résulte que la différence entre l'administration française et l'administration turque, n'est pas aussi grande que le vulgaire pourrait le penser au premier abord. La seule différence réelle que j'y trouve, est, qu'en Turquie, le grand-seigneur envoye les muets et le cordon au pacha qui lui désobéit, et qu'en France on se contente de révoquer le préfet récalcitrant. Mais la ressemblance entre les préfets et les pachas, est entière sous un rapport. Le grand-seigneur n'a jamais puni un pacha pour avoir vexé, tourmenté, pillé et dépouillé ses administrés, et je ne sache pas non plus que le ministère français ait jamais envoyé aux fers un préfet ou un juge prévaricateur, ils ne sont pourtant pas rares en France. La raison en est simple : c'est que les fonctionnaires prévaricateurs sont les instrumens nécessaires à la tyrannie. L'histoire, néanmoins, sera juste envers Napoléon. Lorsqu'il se chargea de conduire le char de l'état, l'état était tout près de sa dissolution, et les armées étrangères prêtes à l'envahir ; il avait donc besoin d'un gouvernement vigoureux, mais en même temps il tenait les rênes courtes aux différentes classes de fonctionnaires, tandis que la restauration laissait tout faire impunément aux agens subalternes du pouvoir. Ce serait une chose tout à la fois utile et curieuse, que de recueillir, dans tous les départemens, tous les crimes, tous les abus qui y ont eu lieu, et qui sont restés impunis. (Note du Traducteur.)

que d'origine plébéienne, prennent sur-le-champ
la manière de penser de leurs prédécesseurs, et
cette manière de penser n'est rien autre chose que
d'opprimer le peuple et de le tenir en esclavage.
Bien plus : ces nobles de fraîche date seront d'autant
plus cruels que l'homme, qui est né plus vil, qui a
été plus opprimé, et qui a connu plus d'égaux ,
devient beaucoup plus superbe et féroce lorsqu'il
parvient à s'élever au-dessus des autres par toute
autre voie que par celle de la vertu. Mais certainement la vertu ne sera jamais le chemin qui conduira
aux honneurs et à l'autorité dans aucune tyrannie.

L'effet est donc le même tant en Orient qu'en Occident, puisque, entre le peuple et le tyran se trouve
toujours la noblesse héréditaire ou factice, et la
milice permanente ; deux classes sans lesquelles il
n'existe ni ne peut exister de tyrannie, et avec lesquelles il n'y a , ni ne peut y avoir jamais aucune
liberté permanente.

Mais on dira peut-être que, dans toute démocratie ou dans une république mixte quelconque,
les prêtres, les magistrats et les chefs de la milice
sont aussi toujours plus grands que le peuple. A
quoi je réponds par la distinction suivante : Dans
la république, tout fonctionnaire est plus grand
que tout particulier pris individuellement , mais il
est au-dessous de l'universalité des citoyens, puisqu'il est élu par tous, ou par le plus grand nombre,
le plus souvent à temps, et non à vie ; qu'il est soumis aux lois, et obligé de rendre en tout temps un
compte sévère de ses actions et de lui-même. Mais

dans la tyrannie, les fonctionnaires publics sont en même temps au-dessus de chaque individu et de l'universalité des citoyens, parce qu'ils sont élus par un seul, plus puissant que tous ; qu'ils ne rendent jamais compte de leurs actions, si ce n'est à celui qui les a nommés, et qu'enfin, que le seul crime que le tyran leur impute, est de lui avoir déplu, ou de lui avoir causé dommage : ce qui signifie clairement, et pour le plus souvent, d'avoir servi ou essayé de servir les intérêts de tous ou du plus grand nombre.

Mais j'ai suffisamment démontré, comme il me le paraît, que dans les tyrannies de l'Orient, les tyrans emploient les mêmes moyens qui s'emploient dans les tyrannies d'Europe : j'examinerai maintenant qu'elles sont les différences apparentes qui se trouvent entre leurs effets : encore, si elles sont en faveur ou au désavantage des tyrannies européennes.

Les tyrans orientaux se montrent rarement au public et sont inaccessibles en particulier : nous voyons les nôtres tous les jours, mais leur vue ne diminue point en nous la peur, ni en eux la puissance, et quoique accoutumés ainsi à les voir, la stupide vénération que nous avons quelquefois pour eux diminue : néanmoins la haine reste toujours la même, et beaucoup plus grand en sont le dégoût et l'ennui.

Il est très difficile d'approcher les tyrans d'Orient : nous pouvons approcher facilement tous les jours les nôtres, ou par lettres ou suppliques, et quel-

quefois même en personne. Mais qu'en résulte-t-il?
les coupables en sont-ils mieux connus, disgra-
ciés ou punis?

En Orient, les emplois, les honneurs, les dignités, se confèrent aux esclaves qui savent davantage plaire au maître; mais au premier caprice il
les reprend : mais un ministre ou tel autre délégué
du tyran, qui vient d'être dépouillé de quelque emploi important, perd en même temps ordinairement la vie. En Occident, le même caprice confère
aussi les mêmes honneurs, les mêmes dignités aux
esclaves plus savans dans l'art de plaire, ou de
complaire au tyran; et ceux-ci sont des esclaves
d'autant plus vils, et en cela d'autant plus dignes
de l'être, que, n'étant pas comme les orientaux
nés dans la servitude effective des sérails, ils vont
de bon gré et de bon cœur tendre les mains et le
cou au plus honteux de tous les jougs. Mais si nos
tyrans, en les privant de leurs charges, ne les
privent pas en même temps de la vie, c'est peut-
être par la seule raison que ces esclaves européens
ont donné tant de preuves de leur lâcheté, que
les tyrans ne peuvent, et ne doivent en aucune
manière les craindre en rien.

Dans les tyrannies de l'Orient, il existe très peu
d'autres lois que les lois religieuses, et il en existe
un grand nombre dans les nôtres; mais tous les
jours on les change, on les brise, on les annulle
et elles deviennent un objet de moquerie (1).

(1) S'il en était ainsi, en 1777, que dirait donc Alfieri, aujour-

Quelle est donc celle des deux usurpations ci-après
qu'il est moins honteux et moins infame de souffrir? ou de celle qui t'outrage et t'opprime, parce
que ne croyant pas qu'une société puisse exister
autrement, il en accorde la conduite d'une manière illimitée, sans pourvoir au moyen de la mo-
dérer, ou de celle qui te traite de même, et même
pis, quoiqu'il ait pourvu par des lois impuissantes
et des sermens inutiles, à ce que l'on ne pût ni
t'opprimer ni t'outrager?

En Asie, la seule chose sûre est l'esclavage. Mais
qu'y a-t-il de plus sûr parmi nous? Si les tyrans
d'Europe sont beaucoup moins cruels que ceux

d'hui que la législation française est un véritable arsenal de procès,
où l'on trouve toute espèce d'armes? Napoléon avait eu la haute
pensée de renfermer toute la législation française dans ses codes ;
mais la restauration est venue les dénaturer, et en changer l'esprit: à
ce point que les plus habiles avocats eux-mêmes sont très embar-
rassés de résoudre les questions les plus simples. De là ce nombre
infini de procès, qui ruinent la propriété et l'industrie, et de là
aussi cette armée d'avocats, d'avoués, d'huissiers et de juges qui,
dans l'état présent de la France, sont la gangrène de l'état, et lui
coûtent plus cher que ne lui coûterait une armée de cinq cent mille
hommes. Il y a long-temps qu'un peintre représenta deux plaideurs :
l'un est tout nu et l'autre n'a conservé que sa chemise. Aujourd'hui
il faudra les représenter nus tous les deux. Aussi, MM. les avocats,
avoués et huissiers, acquièrent-ils en quelques années d'exercice
25 ou 30,000 fr. de rente. J'en pourrais citer plusieurs exemples
dans le seul arrondissement de Clamecy, malheur aux propriétaires
qui tombent entre les mains de ces gens-là! Alfieri a omis un chapitre dans son traité de la tyrannie, qu'il aurait pu intituler : *des
gens de justice* ; je ferai en sorte d'y suppléer par un chapitre addi-
tionnel, que je placerai à la fin de la 2ᵉ édition de cette traduction,
si elle est accueillie par le public.   (*Note du Traducteur.*)

d'Asie, c'est qu'ils ont beaucoup moins besoin de
l'être. Mais on dit: en Orient, les sciences et les
lettres ne sont-elles pas proscrites? les royaumes
ne sont-ils pas dépeuplés? la stupidité et la misère
du peuple, aucun commerce, toutes ces choses et
tant d'autres ne sont-elles pas la preuve irrécusable
du vice destructeur qui existe dans les gouvernemens d'Asie?... Je réponds en distinguant de nouveau : la religion mahométane qui excite beaucoup
moins d'activité que la nôtre, est aussi beaucoup
plus destructive; dans cette partie de l'Orient
où le mahométisme ne domine point, comme à la
Chine et au Japon, tous les effets déplorables sus-
mentionnés, et que nous attribuons follement à la
seule tyrannie orientale, n'existent plus dans aucune
autre tyrannie orientale non moins grande, ou au
moins ils n'y existent pas plus grands, que dans les
tyrannies d'Europe.

D'où il faut conclure que la tyrannie en Asie, et
surtout dans le mahométisme, est plus oppressive
que la tyrannie d'Europe; mais il faut en même
temps savoir que le tyran et ses agens sont bien
moins en sûreté en Asie qu'ils ne le sont en Europe;
mais de ce que nos tyrannies sont un peu moins
cruelles, et si nous retirons quelque avantage de
cette moindre cruauté, il est amèrement compensé
par l'infamie plus grande d'être esclave et de le savoir, et par l'impossibilité presque absolue où nos
habitudes efféminées nous placent, de détruire,
de changer, ou de renverser, au moins en partie,
nos tyrannies. Nous cultivons les sciences, les

lettres, tous les arts, et les mœurs civiles, on ne
peut le nier; mais nous, polis, savans, nous enfin,
qui sommes la fleur des habitans du globe, nous
n'en supportons pas moins tranquillement ce même
tyran que souffre aussi le peuple d'Asie, barbare,
ignorant, et, à notre avis, beaucoup plus vil que
nous. Mais aussi les mêmes peuples d'Asie renver-
sent souvent leur tyran avec audace. Quiconque
ne sait pas que la liberté a existé, ou peut exister,
ne la connait point, et ne sent point la servitude ;
et qui ne la sent point est très excusable de la
souffrir. Mais que dire de ces peuples d'Europe, qui
connaissent et sentent l'esclavage et en frémissent,
et qui cependant le souffrent, et se taisent?

Ainsi la différence qui existe entre l'Asie et l'Europe, c'est qu'en Asie, les tyrans peuvent tout et
font tout; mais qu'aussi ils sont très souvent ren-
versés du trône et assassinés, et que ceux de l'Europe peuvent tout, mais font seulement ce qui
convient à leurs intérêts, et qu'ils restent presque
toujours inexpugnables, en sûreté et impunis. Les
peuples d'Asie ne possèdent rien en sûreté, mais
ils croient que cela doit être ainsi, et alors que le
mal universel dépasse un certain terme, ils se ven-
gent au moins sur le tyran, bien que jamais ils ne
détruisent ou affaiblissent la tyrannie. Les peuples
d'Europe ne possèdent rien avec plus de sûreté que
ceux d'Asie, mais ils sont dépouillés de leur propriété d'une manière différente, et pour ainsi dire
plus courtoise. Mais ils connaissent les droits de
l'honneur, et ils ne peuvent les ignorer, puisqu'ils

les voient heureusement exercés par un petit
nombre de nations qui vivent libres au milieu de la
servitude universelle, et quoique tous les jours on
voye dans les tyrannies d'Europe, surtout en ce qui
concerne les impôts, toute borne outrepassée par
les tyrans, néanmoins par couardise et lâcheté des
peuples, ils n'osent jamais tenter une vengeance
honorable, comme ils n'osent pas essayer de reprendre leurs droits naturels qu'ils connaissent
très inutilement (1).

CHAPITRE XIII.

DU LUXE.

Il ne me sera pas difficile, je pense, de prouver
que le luxe moderne est en Europe l'une des causes
principales qui a rendu la servitude tout à la fois
douce et pesante, ce qui la rend peu sensible aux
peuples: c'est pourquoi ils ne pensent, ni même es-
sayent à s'en débarrasser réellement. Je ne prétends
pas traiter la question épuisée depuis long-temps, par
un si grand nombre d'écrivains estimables, si l'on doit

(1) La nation française a donné un démenti à Alfiery, et il faut
espérer qu'elle maintiendra son ouvrage. (*Note du Traducteur.*)

proscrire ou non le luxe. Tout luxe particulier inutile, suppose toujours entre les citoyens une monstrueuse inégalité de richesses, qui rend les riches nécessairement orgueilleux, les pauvres nécessiteux et avilis, et corrompt également les uns et les autres. De là, et cette inégalité établie, il serait très inutile et même dangereux de proscrire le luxe, et le seul remède contre lui est de le diriger par des moyens moins coupables, vers une fin plus innocente. Je m'efforcerai donc de prouver dans ce chapitre que le luxe dans les tyrannies est une conséquence tout-à-fait naturelle de la noblesse héréditaire, et qu'il y est aussi l'une des principales bases de la tyrannie. Je prouverai en outre, que là où il a beaucoup de luxe, il est impossible à la liberté de s'établir durablement, et que là où existe déjà la liberté, si on y introduit beaucoup de luxe, il la corrompra en peu de temps, et finira par l'anéantir.

Le premier et le plus mortel effet du luxe privé, est que l'estime publique, qui s'accorde ordinairement à la simplicité d'une vie modeste et à l'excellence de la vertu, est reportée sur le plus riche, et la splendeur de son existence : qu'on ne recherche pas ailleurs la cause de la servitude chez les peuples où les richesses donnent droit à tout (1). *Mais pour-*

(1) C'est là le vice principal de la charte de 1814, et de celle de 1830, et ce vice, s'il est maintenu, finira par engloutir la France. Les rédacteurs des chartes auraient bien dû se rappeler les deux vers de Boileau :

« Quiconque est riche, est tout, sans sagesse il est sage,
Il a, sans rien savoir, la science en partage.

tant l'égalité des fortunes étant aujourd'hui chez les peuples européens tout à fait chimérique, faut-il en conclure que la liberté ne peut exister en Europe, parce que les richesses y sont si inégales? et peuvent-elles ne pas l'être, vu le commerce et les gains des charges publiques? Je réponds qu'il est très difficile que la véritable liberté politique puisse exister et durer, là où il existe une excessive inégalité de richesses ; mais qu'il y a cependant deux moyens d'en corriger les abus, là où elles existent déjà. Au milieu d'une telle inégalité, alors que le luxe exterminateur de toute liberté, y combat, il existe plusieurs moyens d'en corriger les vices. Le premier de ces moyens serait que de bonnes lois eussent pourvu, ou pourvussent à ce que l'excessive inégalité des richesses vînt toujours de l'industrie, du commerce ou des arts, et non de l'accaparement inerte d'une grande partie des bien fonds dans les mains d'un très petit nombre de personnes, qui ne peuvent les posséder en si grande quantité, sans qu'un nombre infini de citoyens ne soient dépouillés de leur portion; par ce moyen, les richesses du petit nombre, n'étant pas alors la cause de la pauvreté du plus grand nombre, on verra naître un certain état mitoyen, qui partagera le peuple en un petit nombre de riches, et en un très grand nombre d'hommes aisés, et enfin en un petit nombre de nécessiteux (1). Toutefois, cette division ne peut

(1) C'était là le but que s'étaient proposé nos trois premières assem-

presque jamais être, ou au moins se soutenir ailleurs que dans la république, tandis, qu'au contraire, la division en quelques riches, et un nombre infini de nécessiteux, doit être et se maintient, comme cela se voit tous les jours dans les tyrannies qui se fortifient d'une telle disproportion.

Le second moyen de corriger les mauvais effets du luxe, et d'en diminuer la malheureuse influence sur la liberté civile, serait de ne point le permettre dans les choses privées, et de l'encourager et honorer dans les choses publiques. Le petit nombre de républiques d'Europe donnent l'exemple de ces deux moyens, mais faiblement et en vain! corrompues qu'elles sont par le faste et le luxe mortel des tyrannies qui les environnent, et ce sont là les deux moyens que nos tyrans n'emploient point et n'emploieront jamais contre le luxe, parce qu'ils trouvent dans le luxe l'auxiliaire le plus fidèle de la tyrannie.

Un peuple malheureux et énervé, qui se nourrit en tissant des draps d'or, et la soie qui sert à l'habillement des riches orgueilleux, estime nécessairement plus ceux qui lui procurent plus de gain (1). Ainsi et réciproquement, le peuple romain,

blées nationales; mais l'empire et la restauration sont venus contrarier ce vaste plan, qui ne s'en réalisera pas moins. L'exécution n'est qu'ajournée : cela est certain maintenant.

(*Note du Traducteur.*)

(1) Sully avait de profondes vues politiques. L'une de ses grandes difficultés avec Henri, fut relativement à l'établissement en France

qui d'ordinaire retirait ses bénéfices militaires des
terres conquises sur l'ennemi, et qui lui étaient distribuées par le sénat, estimait souverainement le
consul ou le tribun, dont les victoires lui en avaient
donné une plus large portion.

Donc toutes les opinions du vrai et du juste sont
tellement corrompues par le luxe privé, qu'un peuple
honore et estime davantage quiconque l'insulte
avec une plus grande ostentation de luxe, et qui,
en effet, le dépouille, bien qu'en apparence il le
nourrisse; un tel peuple peut-il jamais avoir l'idée,
le désir, le droit, les moyens de ressaisir sa liberté?

Et ces grands, je veux dire ceux qu'on appelle
ainsi, qui dissipent leurs biens et souvent ceux des
autres à l'envi, beaucoup plus par une vaine pompe
que par une jouissance réelle; ces grands ou ces
riches, à qui tant de superfluités sont devenues
insipides, mais nécessaires; ces riches, enfin, qui
à table, aux salons, aux festins, traînent au milieu
des horreurs de la satiété leur vie efféminée, ennuyeuse et inutile; ces riches pourront-ils enfin,
plus que la plus vile populace, s'élever à connaître,
à apprécier, à désirer, à vouloir la liberté? Ils seraient les premiers à s'en plaindre! Ils croiraient

des fabriques de soie. Sully disait à Henri: *encourageons l'agriculture et les arts laborieux, c'est là qu'on trouvera de bons soldats.*
En voulant des fabriques de soie, Henri raisonnait en tyran, et
Sully, en n'en voulant pas, raisonnait en véritable patriote et en
homme d'état.　　　　　　　　　　(*Note du Traducteur.*)

n'avoir aucune existence, s'ils n'avaient pas un tyran fort et unique, qui, en perpétuant leur douce oisiveté, commande en même temps à leur poltronnerie.

Le luxe est donc inévitable et nécessaire dans toutes les tyrannies. Tous les vices y croissent en proportion du luxe qui est leur principe, du luxe qui les anoblit tous, en le doublant et l'approuvant; du luxe, qui confond le nom des choses à tel point, que les riches appellent galanterie la corruption des mœurs; la flatterie, savoir vivre; être lâche et vil, prudent; et être infame, nécessité; et tous ces vices et beaucoup d'autres, que je passe sous silence, qui ont tous pour base et pour cause immédiate le luxe, qui en jouit avec plus de profit? qui en retire un plus évident et un plus immense avantage? les tyrans, qui en reçoivent, et qui par lui s'assurent pour toujours un pouvoir pacifique et absolu.

Le luxe donc, que je définirais volontiers *l'amour immodéré des superfluités pompeuses*, corrompt, également dans une nation, toutes les branches de l'ordre social; d'abord, le peuple, qui en retire en apparence quelque profit, et qui ne sait pas, et ne réfléchit pas que le luxe des riches n'est rien autre chose que le résultat des extorsions qu'on lui a faites, et qui ont passé dans le trésor du tyran, d'où elles sont distribuées par le tyran entre les oppresseurs subalternes du peuple. Le peuple est aussi nécessairement corrompu par le triste exemple des riches, et par les viles et vi-

cieuses occupations avec lesquelles il gagne à peine
sa nourriture. C'est pourquoi ce faste des grands,
qui devrait mettre le peuple en fureur, lui plaît
beaucoup, et il l'admire avec stupidité; mais que
le luxe soit agréable aux classes corrompues qui en
font usage, la preuve en est dans cet usage même,
et il est inutile que j'en donne une autre preuve.

Dans une nation où toutes les classes sociales
sont corrompues, il est évident que cette nation
ne peut jamais devenir libre, si elle ne proscrit
d'abord le luxe qui est le corrupteur par excellence
de toute liberté. C'est pour cela que le principal
soin du tyran sera toujours, et est, en effet, quoiqu'il fasse toujours ostentation du contraire, d'encourager, de propager et de caresser le luxe dont
il retire plus de secours que d'une armée entière.
Ce que j'ai dit jusqu'ici suffit pour prouver que rien
ne se supporte plus doucement dans nos tyrannies
et même y endort mieux la servitude, que l'usage
continuel et immodéré du luxe : de même aussi ce
que j'ai dit prouve en même temps, que là où le
luxe a pris racine, la liberté ne peut y naître, et
encore moins s'y maintenir.

J'examine maintenant si là où une liberté quelconque est établie, le luxe peut exister avec elle,
et lequel du luxe ou de la liberté doit céder le terrain
à l'autre. Consultant l'histoire, je vois partout, dans
tous les siècles, dans tous les pays, la liberté toujours
disparaître dans toutes les nations qui ont laissé
introduire le luxe chez les particuliers, et jamais
je ne la vois renaître robuste chez les peuples qui

étaient déjà corrompus par le luxe ; mais comme l'histoire de tout ce qui a été, n'est pas une preuve absolue de tout ce qui peut-être, il me paraît qu'à l'inégalité des richesses chez les citoyens qui ne sont pas encore entièrement corrompus, les gouvernemens libres n'ont d'autre moyen plus efficace de la combattre, et à opposer au luxe, que l'opinion pour le peu de temps où ils peuvent se maintenir libres. Ainsi en voulant accorder à ces richesses inégales une issue qui les mette en circulation sans détruire tout-à-fait la liberté, ces gouvernemens persuaderont aux riches d'employer leurs richesses à des travaux d'utilité publique : ils honoreront ce seul luxe et inspireront une idée de mépris sur tout autre usage que les riches feraient de leurs richesses dans leur vie particulière, à l'exception de cette décence et de ces aises raisonnables réclamées par leur état, et compatibles avec la décence publique. Les gouvernemens libres persuaderont en même temps aux pauvres, (je n'entends pas par ce mot *pauvres*, les mendians et les vagabonds, que ce n'est ni un délit, ni une infamie de l'être) : ils le persuaderont facilement en accordant aux pauvres non moins qu'à tous les autres l'entrée à tous les honneurs et à tous les emplois publics. Ce n'est pas pour insulter à leur misère que j'exclus ici les mendians : je les exclue, parce qu'ils sont trop corruptibles et pour le plus souvent mal élevés, et qu'ils ne sont pas moins loin de la possibilité de bien penser et de bien agir, que ne le sont les riches, par les motifs tout-à-fait contraires.

8

Mais ces sages précautions deviendront même inutiles par la suite des temps : la nature de l'homme ne se change point ; là où il existe de grandes richesses inégalement réparties, il doit s'élever un grand luxe chez les particuliers, et par conséquent une grande servitude dans l'état. Cette servitude est très-difficile à éloigner d'un peuple où il ne se trouve que quelques individus très riches et le reste très pauvres ; mais lorsqu'elle à commencé à s'introduire, les riches ont déjà éprouvé combien la servitude générale était favorable à leur luxe, et ils emploient toujours tous leurs moyens pour empêcher qu'elle ne cesse.

Ce serait donc peine inutile que de vouloir rétablir une liberté durable dans nos tyrannies : non seulement elle anéantirait le tyran, mais encore les riches quels qu'ils soient ; parce que ceux-ci, avec leur luxe qu'on ne pourrait extirper, se corrompront toujours eux-mêmes et corrompront les autres.

CHAPITRE XIV.

DE LA FEMME ET DES ENFANS SOUS LA TYRANNIE.

Comment, dans un gouvernement monstrueux, où personne ne vit en sûreté, ni relativement à sa propriété, ni relativement à lui-même; comment se trouve-t-il quelques individus qui osent se choisir une compagne de leur propre infortune, et perpétuer leur propre servitude et celle d'autrui, en se donnant des successeurs? le raisonnement rend la chose difficile à comprendre, et elle paraîtrait impossible à croire, si nous ne la voyions pas tous les jours. Si je devais en donner les motifs, je dirais que la nature, en cela plus puissante que la tyrannie, porte les individus à embrasser l'état conjugal avec plus de force encore que la tyrannie ne les en éloigne. Mais ne voulant maintenant distinguer que la division, en deux classes, de ces hommes subjugués par un tel gouvernement, savoir : celle des riches et celles des pauvres, je dirai que les riches se marient, dans la tyrannie, par la folle persuasion où ils sont que leur race, quoiqu'inutile au monde et même souvent osbcure, est néanmoins nécessaire à la tyrannie dont elle est en grande partie l'ornement: et que les pauvres se marient, parcequ'ils ne savent rien, ne pensent à rien, et qu'ils ne peuvent dorénavant, en rien, rendre leur sort plus malheureux.

Je laisse pour le moment les pauvres de côté, non qu'ils soient méprisables, mais parcequ'il leur est beaucoup moins nuisible, de faire comme ils font : mais je parlerai des riches par la raison qu'étant et devant être mieux élevés, ayant un peu conservé le droit de réfléchir, et ne pouvant par conséquent ne pas sentir leur servitude, ils doivent à moins d'une imbécillité absolue réfléchir beaucoup sur les conséquences du mariage dans la tyrannie.

Et pour faire une distinction moins déplaisante,
ou moins injurieuse pour l'humanité, que celle
des pauvres et des riches, je la ferai entre ceux
qui réfléchissent et ceux qui ne réfléchissent point.
Je dis donc que quiconque pense, et peut exister
sans avoir besoin de gagner sa nourriture, ne doit
jamais se marier dans la tyrannie, parce qu'en se
mariant on trahit sa propre pensée, soi-même, et
ses enfans. Il n'est pas difficile de prouver ce que
j'avance. A cet effet, je suppose que l'homme qui
pense, connaît la vérité : il en résulte indubitablement qu'il doit beaucoup gémir, en lui-même,
d'être né dans la tyrannie, gouvernement où
l'homme ne conserve de l'homme que la figure.
Or, celui qui gémit d'être esclave, aura-t-il le
courage, ou pour mieux dire la cruauté, de se faire
revivre en autrui? d'ajouter à la crainte qu'il a pour
lui-même, d'avoir à craindre pour sa femme, et
par conséquent pour ses enfans? cela me paraît
une telle multiplication de malheurs que je ne
pourrai jamais croire que qui se marie dans la
tyrannie pense et connaisse la vérité (1).

Le but du mariage est sans nul doute d'avoir une
compagne fidèle et douce, consolatrice dans les
différens accidens de la vie, et que la mort seule
puisse nous enlever. Supposons maintenant ce que
l'on ne peut supposer, c'est-à-dire que dans la tyrannie les mœurs ne fussent pas essentiellement

(1) Alfieri a joint l'exemple au précepte, il ne s'est jamais marié.
(*Note du Traducteur.*)

corrompues, d'où il résulterait que cette compagne ne pourrait avoir d'autres soins, d'autres désirs, que de plaire à son mari. Qui peut assurer à celui-ci que le tyran et ses nombreux et puissans satellites ne la séduiront pas? ne la corrompront pas? ou même ne la violeront pas? Collatin, me paraît un exemple clair et suffisant pour démontrer la possibilité d'un tel fait. Mais les hautes conséquences qui résultèrent du viol de Lucrèce, sont de nos jours beaucoup moins à espérer, quoique les causes s'en présentent à chaque instant. J'entends dire, il est vrai, que le tyran ne peut vouloir la femme de tout le monde, et que les cas sont rares dans nos mœurs actuels qu'il cherche à en séduire deux ou trois, et que si la chose arrivait, ce serait, ou par des promesses, ou par des dons, ou par des honneurs aux maris, mais jamais par une violence positive(1). Et voilà les criminels motifs qui rassurent à notre époque le cœur des maris, qui ne craignent rien autre chose au monde que de ne pas être de ces heureux, qui achètent au prix de leur propre infamie, le droit d'opprimer quiconque est moins vil qu'eux. Plusieurs siècles après Collatin, dans les Espagnes barbares encore, et par conséquent peu corrompues, un autre viol commis par le roi, en faisait chasser les tyrans indigènes et en

---

(1) J'ai vécu pendant quelque temps dans une cour où les choses se passaient exactement ainsi ; et les maris se prêtaient avec la meilleure grâce du monde à la prostitution de leurs épouses.

(*Note du Traducteur.*)

appelaient d'étrangers. Mais aujourd'hui que nous
sommes plus éclairés, et avec la douceur de nos
mœurs, un viol est à peu près impossible, car il
n'y a plus de dame qui se refusât à la volonté du
tyran, et une vengeance quelconque, si la chose
arrivait, serait impossible, car il n'est pas un père,
un frère, un mari qui ne se crut honoré d'un tel
déshonneur. La vérité me force à dire une chose
qui excitera dans les tyrannies le rire d'un grand
nombre d'esclaves ; mais qui, dans quelques cantons
du globe, où les mœurs et la liberté se sont réfugiés,
y excitera toujours tout à la fois la douleur, l'étonnement, et l'indignation (1). Il est vrai en outre
que si de nos jours il se trouvait un mari assez
magnanime pour ne pouvoir souffrir un pareil outrage, et qu'il en tirât une vengeance éclatante, et
capable de faire repentir le tyran d'en être l'auteur,
tout le monde le considérait comme un fou, un
insensé, et un traître. Personne ne pourrait comprendre pourquoi ce mari n'aurait pas voulu supporter de la part du tyran, avec de nombreux et
évidens avantages, cette même injure que tous les
jours on a coutume de recevoir et de supporter
sans aucun profit de la part des particuliers (1).

(1) De tous les motifs qui ont été allégués de la détermination de
Louvel, assassin du duc de Berri, celui qui m'a paru le plus plausible est que ce prince avait séduit la femme de Louvel ou son amante,
que l'on disait être fort belle.   (*Note du Traducteur.*)

(1) Montespan fut exilé parcequ'il trouvait mauvais que sa femme
fut la maîtresse de Louis XIV. Louvel a été guillotiné, parce

J'ai moi-même horreur d'être forcé de raconter de pareilles lâchetés, qui sont l'ornement ordinaire de nos tyrannies modernes et qui, dans le vocabulaire français, s'appellent doucement : *avoir de l'esprit, savoir vivre*. Mais telle est ma confiance dans la force de la vérité, que je ne désespère pas qu'un jour arrivera où un grand nombre de personnes éprouveront, en lisant la description de telles mœurs, non moins d'horreur que je n'en éprouve en les écrivant.

Si, en se mariant, le premier but est d'avoir une épouse, et si l'on ne veut pas faire de confusion, comme cela a lieu pour tant d'autres choses, entre la conserver et l'avoir, parce que, si ce n'est pas le tyran ou quelqu'un de ses nombreux courtisans, auxquels il est impossible de résister, qui la ravissent au mari, elle lui sera infailliblement enlevée par la corruption des mœurs générales, conséquence absolue et nécessaire de la servitude générale.

Maintenant, que dirais-je des enfans?..... Autant les enfans sont d'ordinaire plus précieux au père que la femme même, autant est plus grave et plus funeste cette erreur de celui qui, en les procréant, fournit au tyran un puissant moyen de plus de l'offenser, de l'intimider et de l'opprimer, comme

qu'il croyait que le duc de Berri avait séduit sa femme ou son amante. Les courtisans disent que Roquelaure fut bien plus habile, il ne se fâcha pas, et Louis XIV le fit duc et pair.

(*Note du Traducteur.*)

à lui-même il se fournit un moyen de plus d'être offensé et opprimé.

Des deux malheurs que je vais indiquer, il est tout-à-fait impossible de s'en garantir. Ou les fils de l'homme qui pense seront élevés dans les principes de leur père, et par cette raison ils seront, sans aucun doute, très-malheureux; ou ils seront élevés dans les principes opposés, et alors c'est le père qui sera très malheureux. Destinés par leur naissance à vivre dans l'esclavage, le père ne peut, sans les trahir, les élever de manière à ce qu'ils connaissent la dignité de l'homme, mais destinés par la nature à connaître cette dignité, le malheureux père ne peut les élever à cette fin sans trahir la vérité, et les élever pour l'esclavage.

Quel parti reste donc dans la tyrannie à l'homme qui pense, lorsque, par sa mauvaise fortune et par une inconsidération inexcusable, il a donné le jour à d'autres malheureux? C'est là une erreur pour laquelle le repentir ne suffit pas, et les effets de cette erreur sont si terribles, si inévitables, que les termes moyens ne remédient à rien; ainsi, dans les tyrannies, il faudrait donc, ou étouffer ses propres enfans dès qu'ils sont nés, ou les abandonner à l'éducation publique, et à l'habitude vulgaire de ne pas penser. C'est ce dernier parti que prennent presque tous les pères de notre époque, mais si ce parti n'est pas moins cruel que l'autre, et il est beaucoup plus vil. Si l'on disait, ce que je sais bien, quoique je ne sois pas encore père, qu'il répugne trop à la nature de faire périr ses propres enfans, je répondrais qu'il ne répugne pas moins à notre nature d'obéir en aveugles aux actes arbitraires et de violence d'un seul homme, et que si nous nous accoutumons ensuite à l'esclavage, cette infâme habitude ne s'accroît en nous, qu'en proportion que diminuent tous les autres droits naturels et les véritables qualités de l'homme, et c'est pourquoi tous les philosophes qui ont existé chez les peuples libres n'ont fait aucune différence, ou du moins une différence très faible, entre la vie d'une brute et celle d'un homme qui ne doit jamais avoir ni liberté, ni volonté, ni sûreté, ni mœurs, ni honneur véritable; et tels doivent être les enfans qui naissent dans les tyrannies, et si le père ne les prive pas de la vie du corps, nécessairement il les prive d'une autre vie bien plus noble, de celle de l'intelligence et de la vertu : ou bien si le père cultive en eux, par hasard, l'une et l'autre, le malheureux père ne fait qu'élever des victimes pour la tyrannie.

Je conclus que quiconque a femme et enfans, dans la tyrannie, est d'autant plus esclave et avili, qu'il a plus d'individus pour lesquels il est toujours forcé de craindre.

CHAPITRE XV.

DE L'AMOUR DE SOI-MÊME DANS LA TYRANNIE.

La tyrannie est si contraire à notre nature, qu'elle offusque, affaiblit et détruit presque toutes les affections naturelles. Ainsi nous n'aimons point la patrie, parce que nous n'en avons point; nous n'aimons point nos parens, nos épouses et nos enfans, parce que ces choses sont peu sûres et sont peu les nôtres; il n'y a point de vrais amis, parce qu'ouvrir son cœur entièrement dans des occasions importantes, peut toujours transformer un ami en délateur récompensé, et trop souvent, hélas!..... en un délateur honoré (1). L'effet nécessaire que le cœur de l'homme éprouve, de ne pouvoir aimer toutes les choses sus-mentionnées, est de s'aimer soi-même outre mesure. En voici, je pense, les deux principaux motifs: dans l'homme qui n'est sûr de rien, naît d'abord la crainte; d'une crainte continuelle nais-

(1) Je demande à Messieurs Dupin, père et fils, s'ils ne connaîtraient pas quelques amis de cet acabit-là.

(*Note du Traducteur.*)

sent deux excès contraires, ou un amour excessif,
ou une excessive indifférence pour la chose qui est
en péril. Dans la tyrannie nous craignons tous et
toujours pour les choses qui sont les nôtres, et
pour nous, mais comme la nature veut que nous
nous aimions nous-mêmes, avant toute autre chose,
nous arrivons par degrés à avoir une crainte souveraine pour nous-mêmes, et chaque jour, moins
pour les choses qui, quoique nôtres, ne sont pas
une partie immédiate de nous-mêmes. Dans les véritables républiques, les véritables citoyens aiment
d'abord la patrie, puis leur famille et ensuite eux-
mêmes (1). Dans les tyrannies, au contraire, on
aime toujours sa propre existence au-dessus de
toutes choses; c'est pourquoi, dans les tyrannies,
l'amour de soi-même n'est pas l'amour de ses propres droits, ni de sa propre gloire, ni de son propre
honneur, mais il est simplement l'amour de la vie
animale, et cette vie, par une fatalité que je ne
puis expliquer, nous la voyons beaucoup plus
chère à la vieillesse qui l'a déjà presque perdue,
qu'à la jeunesse, à qui elle reste toute entière; ainsi
elle devient d'autant plus chère à l'esclave qu'elle
est moins sûre et d'un moindre prix.

(1) Exemples : Junius Brutus et tant d'autres citoyens de l'antiquité.

CHAPITRE XVI.

LE TYRAN PEUT-IL ÊTRE AIMÉ, ET PAR QUI?

Celui-là qui peut impunément offenser tout le
monde, et n'être jamais offensé par qui que ce soit,
sera nécessairement très craint, et par conséquent
aussi nécessairement abhorré par tout le monde. Mais
aussi celui qui peut aussi bénéficier, enrichir et honorer qui lui plait, quiconque en reçoit des faveurs
peut il sans une lâche ingratitude, et sans être beaucoup plus vil que lui, ne pas l'aimer? Je réponds que
cela est très vrai, et que ce qui est plus vrai encore que toute autre chose, c'est que quiconque
reçoit les faveurs d'un tyran est d'ordinaire toujours
ingrat du cœur et présque toujours beaucoup pire
que lui. Si je devais en assigner les motifs, je dirais
que la trop grande différence qui existe entre ce
que le tyran peut donner, et ce qu'il peut ôter,
élève nécessairement chez le grand nombre au suprême degré l'horreur qu'il inspire, et que l'amour
est par conséquent chez le petit nombre des bé-
néficiaires. Mais s'il peut donner des richesses,
de l'autorité et des honneurs imaginaires, il peut

aussi ôter tout ce qu'il a donné, et même la vie et l'honneur véritable ; deux choses qu'il n'est pas en sa puissance de donner jamais à qui que ce soit, malgré tout cela, l'ignorance totale de leur propre droit peut très bien faire naître, dans quelques individus, cette funeste erreur qui, consiste à aimer d'une certaine manière, celui qui, les dépouillant des prérogatives les plus sacrées de l'homme, ne les dépouille néanmoins point de la propriété de choses beaucoup moins importantes ; ce qu' à leur avis, il pourrait faire légitimement, ou au moins avec impunité. C'est certainement là un étrange amour, comparable en tout à celui qu'on aurait pour un tigre qui pouvant nous dévorer ne le ferait pas ; c'est le stupide amour qu'éprouvent les nations barbares et pauvres, qui ne connaissent d'autres bonheur, que de ne jamais voir, ni même connaitre leurs tyrans. Elles les craindront beaucoup moins, parcequ'il ne leur reste que très peu de choses à perdre : une justice telle qu'elle leur est administrée en leur nom, et leur irréflexion, et leur ignorance, leur persuade que, sans le tyran, ils ne pourraient même obtenir cette demi justice, mais ne pourront jamais penser ainsi tous ceux qui l'approchent chaque jour, et qui en connaissent l'incapacité ou la criminelle vie. Quoiqu'ils en retirent eux-mêmes, éclat, honneur et richesse, elle est trop connue à ce petit nombre de courtisans. La puissance immense du tyran et les richesses qu'ils en ont reçus, leur sont trop précieuses pour qu'ils ne craignent pas souverainement le tyran

qui peut les leurs ôter de la même manière
qu'il les leurs a données. Le craindre et le haïr sont
donc exactement synonimes (1), mais la crainte
prend toujours dans les cours le masque de l'amour,
et sert à composer un mélange monstreux d'affection, véritablement digne des tyrans qui l'inspirent
et des esclaves qui la professent. Ce même Séjan
qui, dans une grotte qui s'écroulait, et voisine
d'une ruine totale, préservait Tibère d'une mort
certaine au péril de sa propre vie, qui en reçut
par la suite des faveurs infinies, et qui n'en conjura pas moins la perte de Tibère; Séjan aimait-
il donc tant Tibère pour s'exposer lui-même à un
péril aussi évident pour sauver l'un des plus cruels
tyrans de Rome? Certainement non! Séjan dans
cette occasion ne servait donc que sa propre ambition, de la même manière que nous voyons tous
les jours dans nos armées les officiers les plus splen-
didement efféminés et les plus corrompus affronter
la mort sans autre objet que de faire avancer leur
minime ambition (1), et surtout pour mériter davantage la faveur du tyran. Séjan abhorrait-il d'a-

(1) Le général Junot, duc d'Abrantès, disait au général Tharreau
et à moi, dans la campagne de Russie : « Je fais cette campagne
« malgré moi ; mais, si je ne l'avais pas faite, l'empereur m'aurait
« ôté tout ce qu'il m'a donné ». Il n'y aurait pas eu une grande
perte, si Junot, que ses nombreuses blessures avaient déjà rendu à
moitié fou, n'eût pas fait cette campagne.
                              (*Note du Traducteur*).
(1) Il est impossible de traduire en français, d'une manière exacte,
le mot italien *ambizioncelle*

vantage Tibère quant il conjura sa perte que lorsqu'il le sauva? Certainement il l'abhorrait davantage après, par la raison que l'immensité des dons
qu'il en avait reçu lui faisait envisager de plus
près, et avec plus de crainte encore, l'immensité de ce que ce même Tibère pouvait lui ôter;
Séjan ne put donc jamais se croire en sûreté tant
qu'il n'aurait pas détruit Tibère, qui était la seule
puissance qui put triompher de la sienne, et je
ne doute pas du tout que Séjan ne se détermina
à détruire Tibère qu'après de longues méditations.
Mais quelque soient les temps et les pays où naissent et règnent des Tibère, ils ne pourront jamais
avoir d'autres amis que des Séjan. Si donc un tyran
est souverainement abhorré par ceux-là mêmes
qu'il enrichit, qu'elle horreur n'inspirera-t-il pas à
tous ceux qu'il offense et qu'il dépouille, directement ou indirectement (1).

(1) Dans une pétition que j'adressai aux chambres de 1826, et
dont je fis parvenir une quantité d'exemplaires à Charles X, à ses
ministres, et aux deux chambres, pétition qui avait pour épigraphe :
Quos deus vult perdere, insanos facit, je prédisais que le règne
de Charles X ne pouvait durer ; j'en indiquai clairement plusieurs
motifs. Le seul que je n'ai cru devoir indiquer alors, pour des
raisons qui m'étaient personnelles, c'est que la tyrannie des autorités
subalternes était poussée à un tel degré de violence, qu'il n'était pas
possible de la supporter long-temps. Le même système est suivi aujourd'hui, et je dois annoncer au ministère qu'il doit y prendre
garde. Si ce système n'est pas changé sous peu, je dois avertir le
ministère, qui d'ailleurs connait mon opinion, que la branche ca-
dette des Bourbons n'aura pas une longue existence en France ; je le
dis, parce que je suis convaincu, et que je suis en position de bien
observer.   (*Note du Traducteur.*)

Il n'y a donc que la totale stupidité des pauvres illétrés et éloignés qui puissent, comme je l'ai prouvé plus haut, aimer le tyran, précisément parce que aucun d'eux ne le craint et ne le connaît. C'est cet amour là qu'on interprète par ces mots : *ne pas abhorrer tout-à-fait.* Dans la tyrannie toute autre personne quelconque peut bien feindre d'aimer le tyran ; elle peut même en faire pompe, mais l'aimer véritablement, non ! jamais ! Cette farce infâme ne pourra jamais être pratiquée que par ceux-là même qui sont les plus vils, les plus lâches, et par ceux qui, craignant davantage le tyran, l'ont aussi davantage en horreur.

CHAPITRE XVII.

SI, ET COMMENT LE TYRAN PEUT AIMER SES SUJETS.

De la même manière que je l'ai prouvé plus haut, que les sujets ne pouvaient pas aimer leurs tyrans qui, étant outre mesure plus puissans qu'eux, parce qu'il n'existe et ne peut exister aucune proportion entre le bien et le mal qu'ils peuvent en recevoir. Il me sera facile de prouver aussi de la même manière, que le tyran ne peut aimer ses sujets, parce qu'ils lui sont si inférieurs, qu'il ne peut recevoir d'eux aucune espèce de bien spontané, et qu'il se croit le droit de prendre tout ce qu'ils voudraient lui donner.

Qu'on remarque, en passant, que l'amour, soit qu'il provienne, ou de l'amitié, de la bonté, de la reconnaissance, ou de toute autre chose, est toujours l'une des affections humaines qui exige, si ce n'est une très-parfaite égalité, au moins un rapprochement, une comunauté et une réciprocité entre les individus. Admettons cette définition de l'amour humain, et que chacun juge si aucune de ces conditions peut exister entre le tyran et ses esclaves; c'est-à-dire, entre la partie qui opprime et la partie qui est opprimée.

Il y a néanmoins entre le tyran et ses esclaves une grande différence. Entre ce mode réciproque de ne point s'aimer, les sujets l'ont, l'un plus, l'autre moins; celui-ci directement, celui-là indirectement; l'un dans un temps, un autre dans un autre temps; tous, dis-je, ont été offensés, ou opprimés par le tyran, et tous l'abhorrent plus ou moins, et cela doit être ainsi. Mais le tyran, qui ne peut être attaqué que par une révolte générale contre son autorité (1), le tyran, dis-je, n'abhorre que le peu d'individus qu'il suppose supporter le joug avec

(2) Ces révoltes sont arrivées dans tous les temps, mais elles viennent de se manifester en Europe d'une manière toute particulière, en France, en Belgique, en Pologne, en Allemagne et en Italie. Le moment n'est pas éloigné où elles seront universelles, malgré tous les obstacles que la tyrannie pourra leur opposer.

(*Note du Traducteur.*)

9

peine, et si ce petit nombre osait jamais tenter de
montrer son impatience, la vengeance du tyran
suivrait de près, et la haine disparaîtrait (1). Le tyran ne hait donc pas ses sujets, parce qu'ils ne l'offensent en aucune manière, et alors que le hasard
fait monter sur le trône un tyran d'un caractère
doux et humain, il peut aussi acquérir et usurper
la réputation d'aimer ses sujets ; mais, dans ce cas,
cette réputation n'a d'autre origine que de provenir
de la nature de ce prince, par elle-même moins
coupable que ne l'est, par elle-même, son autorité
et sa puissance de nuire impunément, telles qu'il
les possède. Mais j'omettais, par étourderie, un
motif très-solide par lequel le tyran doit, si ce n'est
avoir ses sujets en horreur, du moins mépriser cette
portion d'entre eux qui l'approche, qu'il voit habituellement et qu'il connaît ; et ce motif est, que
cette portion de ses sujets qu'il a devant lui, et qui
cherchent à avoir un communication quelconque
avec lui, est certainement la plus coupable de
toutes, et le tyran, après quelques années d'expérience, doit en rester tout-à-fait convaincu. Quant
à la portion de ses sujets qu'il ne connaît, ni ne
voit, et qui ne l'offensent en aucune manière, je
suis porté à croire que le tyran, doué d'un caractère humain, peut très-bien l'aimer ; mais cet

(1) Nous avons beaucoup de ministres en France qui ont très
bien servi la vengeance de la restauration, mais je pense qu'il
faut mettre en première ligne Decazes et Peyronnet.

(*Note du Traducteur.*)

amour indéfinissable de celui qui peut également
secourir ou nuire souverainement, en faveur de
ceux qui ne peuvent ni nuire ni secourir, ne me
semble pouvoir être comparé à aucune autre amour
qu'à celui que les hommes ont pour leurs chiens
ou leurs chevaux; c'est-à-dire, en raison de leur
docilité, de leur obéissance et de leur parfaite servitude; mais certainement la différence que les
maîtres ont coutume de mettre entre eux, et leurs
chiens, et leurs chevaux, est bien moindre que celle
que le tyran, même modéré, met entre lui et ses
sujets. Son amour pour eux ne sera donc rien
autre chose qu'un outrage de plus, fait à la nature
humaine.

CHAPITRE XVIII.

COMPARAISON ENTRE LES VASTES TYRANNIES ET LES PLUS PETITES.

Que les tyrans de vastes tyrannies soient plus orgueilleux et plus superbes, je le comprends; mais
que les esclaves des tyrannies plus étendues s'es-
timent plus que les esclaves des tyrannies moins
étendues, c'est, à mon avis, la plus grave folie qui
puisse entrer dans l'esprit d'un homme, et c'est une

preuve évidente que les esclaves ne pensent, ni ne raisonnent. Si la raison pouvait admettre quelque différence entre esclave et esclave, elle serait nécessairement à l'avantage du moindre troupeau : plus il y a d'hommes qui obéissent aveuglément à un seul homme, plus il faut les considérer comme vils, stupides et infâmes, puisque la proportion, entre l'oppresseur et les opprimés, est alors en raison inverse du nombre. Lorsque j'entends la forfanterie d'un Français, ou d'un Espagnol, prétendre que l'un ou l'autre est plus grand qu'un Portugais ou un Napolitain, il me semble entendre une bête d'un troupeau royal mépriser la bête d'un paysan, parce que celle-ci prend sa nourriture dans un champ de dix mesures, et que celle-là la prend dans un champ de mille mesures.

Si donc il existe une différence quelconque entre les tyrannies plus ou moins étendues, elle ne se trouve pas dans la nature des choses, qui est seule et unique partout, mais bien dans la personne du tyran. Tout tyran qui se trouvera surpasser outre mesure en puissance les tyrans ses voisins, en deviendra vraissemblablement plus tyrannique avec ses sujets, et il devra avoir beaucoup moins d'égards pour eux, attendu même sa plus grande puissance. Mais aussi, et attendu qu'il y a un plus grand nombre de sujets, il a aussi de plus importantes affaires, plus d'honneurs à distribuer, plus de richesses à piller et à donner, et comme d'ailleurs il n'a pas plus de faculté morale et physique, son autorité sera un peu moins ennuyeuse que celle des petites tyrannies : mais elle y sera également, et beaucoup plus pesante, dans les affaires importantes. Le petit tyran, au contraire, doit avoir beaucoup plus d'égards avec ses voisins, et même avec ses sujets : et pour ne pas les offenser surtout dans leurs biens, il devra procéder avec beaucoup plus de soins ; mais s'il veut aussi donner l'élan à son autorité arbitraire, il s'occupera et se mêlera des affaires les plus minutieuses de ses sujets, et il viendra, pour m'exprimer ainsi, face-à-face d'eux et sur le seuil de la porte de la maison, et se mettra ainsi au milieu des plus petits intérêts particuliers.

Dans les tyrannies étendues, les malheureux sujets seront donc plus tourmentés, et dans les petites plus ennuyés, et les malheureux sujets seront également malheureux dans les unes comme dans les autres ; l'ennui n'étant en rien moins dommageable que l'oppression.

DE
LA TYRANNIE.

LIVRE SECOND.

INTRODUCTION.

Dans le premier livre j'ai parlé aussi brièvement que je l'ai pu des causes de la tyrannie et des moyens à son usage, et j'ai fait remarquer rapidement la moindre partie des effets qui en dérivent. Je suis loin de prétendre avoir dit tout ce que l'on peut dire sur une matière aussi importante, mais il me paraît que j'ai dit tout ce qu'il y avait d'essentiel, et ce qui avait été le moins dit par d'autres écrivains. Je serai encore plus court dans ce second livre, où mon objet est de traiter du mode de supporter la tyrannie, soit qu'on veuille, ou qu'on ne veuille pas la détruire.

CHAPITRE II.

COMMENT L'ON PEUT VÉGÉTER DANS LA TYRANNIE.

Vivre sans âme est le plus court et le plus sûr chemin pour vivre long-temps, en sûreté, dans la tyrannie; mais de cette mort honteuse et continuelle, que pour l'honneur de l'humanité je n'appellerai pas vie, mais végétation, je ne puis et ne veux en enseigner les préceptes, quoique je les ai appris, sans le vouloir, et que je les aie, hélas! pour m'exprimer ainsi, sucés avec le lait. Que chacun les cherche pour son propre compte, dans sa propre crainte, dans sa propre lâcheté, et dans la fatalité de sa propre existence, et enfin, que chacun les cherche dans le triste et continuel exemple de tout ce qui l'entoure.

CHAPITRE III.

COMMENT L'ON PEUT VIVRE DANS LA TYRANNIE.

Je ne parlerai donc ici qu'à ce petit nombre d'êtres, qui, dignes de naître et de vivre libres, sont toujours condamnés par la fortune, toujours injuste, à vivre au milieu d'un troupeau d'animaux qui n'exercent aucune des facultés de l'humanité; qui n'en connaissent aucun des droits, et qui, en s'en emparant, usurpe le nom d'homme. Je dois d'abord prouver à ce petit nombre d'hommes, dignes d'un meilleur sort, comment l'on peut, dans la tyrannie, vivre presque comme un homme libre pourrait le faire, et je regrette beaucoup d'être obligé de leur donner des préceptes qui ne sont que trop contraires à leur nature libre et magnanime. Combien plus volontiers, si j'étais né dans d'autres temps et sous d'autres gouvernemens, ne ferais-je pas d'efforts pour donner, non par des paroles, mais bien par des faits, des exemples d'une vie libre!! Mais puisqu'il est tout-à-fait inutile de se plaindre des maux qui sont, ou paraissent sans remède, il faut agir comme dans ces maladies incurables, ou aucune guérison n'est à espérer, et auquel on cherche seulement quelque adoucissement.

Je dis donc que si, dans la tyrannie, l'homme par son propre génie s'y trouve capable d'en sentir toute la pesanteur, et qu'en même temps, faute de forces propres ou étrangères, il se trouve dans l'impossibilité de secouer le joug de la tyrannie; un tel homme doit prendre pour principe de se tenir loin du tyran et de ses satellites, comme il doit aussi se tenir loin de ses honneurs, de tout emploi inique, et des vices, et des faux plaisirs, et des corruptions! même des murs, du terrain, et même jusqu'à l'air où le tyran respire. C'est seulement dans cet éloignement total et absolu, qui ne sera jamais trop grand, c'est dans cet éloignement seul qu'un tel homme doit rechercher sa propre sûreté, non moins que l'estime entière de lui-même, qualités qui sont toujours plus ou moins entachées, dès que l'on s'approche d'une manière quelconque de l'atmosphère pestilentielle des cours.

Cet homme, ainsi éloigné des cours, et se trouvant de la plus grande pureté, arrivera à s'estimer lui-même encore plus que s'il était né libre sous un gouvernement juste, puisqu'il est parvenu à conquérir sa liberté sous un gouvernement servile. Si d'ailleurs cet homme ne se trouve pas dans la funeste nécessité de ne pouvoir se procurer les moyens de son existence, autrement que par un travail manuel et penible; comme alors le noble enthousiasme de la gloire ne peut être éteint tout-à-fait dans son cœur par la perversité des temps où il vit, et comme aussi il ne peut absolument pas acquérir de la gloire par de grandes et belles actions, qu'il la recherche avec soin, avec chaleur et obstination, par la manifestation de ses pensées, et par ses paroles et ses écrits! mais comment pourra-t-il penser, parler et écrire sous un gouvernement monstrueux, où une seule de ces trois choses est un crime capital? il pensera, pour adouir ses peines, et retrouver dans le juste orgueil de celui qui pense une belle et grande compensation à l'humiliation de la servitude! Il parlera à ce petit nombre d'hommes bien connus pour être hommes de bien, et comme tels, très dignes de pitié, d'amitié et de connaître amplement la vérité! il écrira enfin, d'abord pour sa propre satisfaction, mais si ces écrits ont de la sublimité, il sacrifiera tout alors à la gloire de venir réellement au secours de tous ou du plus grand nombre: il publiera ses écrits (1) !

L'homme qui vit ainsi, dans la tyrannie, est digne de prouver qu'il n'aurait pas dû y naître. Il sera ou souverainement méprisé ou souverainement haï de presque tous ses co-esclaves : il sera méprisé par quiconque n'a aucune idée de la véritable vertu, et qui croit follement que celui qui vit éloigné du tyran et des grands, c'est-à-dire de tout vice, n'est ni moins lâche ni moins corrompu qu'eux : il sera haï par tous ceux qui, ayant malgré eux une idée du juste et du bon suivront effrontément la route

---

(1) Alfieri joint encore l'exemple au précepte.

(*Note du traducteur.*)

du mal par une exécrable lâcheté d'esprit, et par la corruption de leurs mœurs. Mais ce mépris de gens, par eux-mêmes très méprisables, sera une preuve très convaincante qu'un tel homme est réellement très estimable; et la haine de ce tte autre espèce des gens, par elle-même très haïssable, sera la preuve certaine qu'un tel homme mérite et l'amour et l'estime de tout homme de bien. Ainsi il ne doit donc pas du tout s'occuper ni du mépris, ni de la haine de telles gens!

Mais si ce mépris et cette haine des esclaves se propageait jusqu'au tyran, cet homme véritable, qui seul en mérite le nom, et qui seul en remplit les devoirs, pourrait bien, par suite de ce mépris, être souverainement avili, dans la tyrannie, et par suite de cette haine il pourrait y être exposé à des dangers évidens et inévitables: mais ce petit livre n'est pas écrit pour la couardise ni pour ses fauteurs. Que ceux qui par une conduite mitoyenne entre la lâcheté et la prudence, s'ils ne peuvent vivre en sûreté dans leur demeure obscure et tranquille, recherchés qu'ils y sont par l'autorité inquisitoriale du tyran; que ces hommes, dis-je, se montrent hardiment tels qu'ils sont, et qu'il leur suffise de pouvoir dire pour leur justification : *nous n'avons point recherché le danger, mais puisque nous l'avons trouvé, nous ne devons, ni ne voulons, ni ne savons le fuir.*

CHAPITRE IV.

COMMENT L'ON DOIT MOURIR DANS LA TYRANNIE.

La gloire la plus véritable est sans contredit celle de se rendre par de hautes entreprises utile à sa patrie et à ses concitoyens. Cette gloire ne peut appartenir à quiconque est né dans la tyrannie, et qu'elle force à y vivre inutile à tous. Toutefois, personne ne peut contester à quiconque en a le noble et le brûlant désir, la gloire de mourir en homme libre, quoique né dans l'esclavage. Cette gloire, quoiqu'elle paraisse inutile au commun des esclaves, n'en devient pas moins toujours d'une très-grande utilité, à cause du sublime exemple qu'elle donne, et aussi à cause de la rareté de cet exemple. C'est pourquoi Tacite, ce connaisseur profond du cœur humain, l'a jugée aussi souverainement utile. A la mort héroïque de Traséas, de *Sénèque, de Crenusius Cordo*, et de tant d'autres Romains proscrits par leurs premiers tyrans, il ne manquait en effet rien autre chose qu'une raison plus volontaire pour qu'ils égalassent en vertu les Curtius, les Décius et les Régulus. Et comme là où il existe une patrie et la liberté, la vertu suprême consiste à la défendre et à mourir pour elle ; de même aussi dans la tyrannie immobile, et profondément enracinée, il ne peut exister d'autre gloire que de mourir généreusement pour ne pas vivre esclave. Il me paraît donc que, vu la scélératesse des gouvernemens tyranniques, le très petit nombre d'hommes vertueux qui s'y trouvent doivent y vivre en hommes prudens, tant que la prudence ne devient pas une lâcheté, et mourir en homme courageux toutes les fois que la fortune ou la raison les y contraint. Ainsi disparaîtrait, par une mort libre et publique, la honte de vivre en esclaves (1).

CHAPITRE V.

JUSQU'À QUEL POINT ON PEUT SUPPORTER LA TYRANNIE.

Mais il est difficile de déterminer jusqu'à quel point on peut supporter l'oppression d'un gouver-

(1) Il est aujourd'hui certain que les assassinats judiciaires commis par la justice de la restauration ont plus contribué que tout autre cause à l'expulsion de France de la branche aînée des Bourbons, et au rétablissement de la liberté. (*Note du Traducteur.*)

nément tyrannique : les mêmes outrages ne frappent pas de la même manière tous les peuples et tous les individus; mais je parle toujours à ce petit nombre d'hommes qui ne méritent aucun outrage, et qui parconséquent sentent vivement les plus légères offenses; c'est, dis-je, à ce petit nombre que je m'adresse, car s'ils étaient plus nombreux, la tyrannie cesserait aussitôt; et je leur dis que l'on peut supporter un tyran qui se contente de les dépouiller de leur fortune, aucun intérêt privé n'exigeant ce bouleversement extrême et universel qui pourrait résulter de leur double vengeance : nous vivons dans un temps si corrompu, si pervers, qu'une vengeance privée, quoiqu'heureusement accomplie, ne pourrait jamais produire un avantage permanent et public, mais au contraire elle pourrait bien augmenter le malheur de l'état. désirons donc que, dans la tyrannie même, les citoyens autant qu'ils peuvent l'être, viennent au secours de leurs co-esclaves, mais surtout je leur recommande de ne pas leur nuire. A ce peu d'hommes de bien, je ne donnerai donc jamais pour conseil de troubler inutilement la paix, ou plus exactement le sommeil général, pour venger la spoliation de leur propriété.

Mais le sang de ses propres parens et de ses plus intimes amis, alors qu'il a été évidemment versé par iniquité, et d'une manière atroce! mais son propre honneur souillé avec la même iniquité, avec la même atrocité! Non! encore une fois, non! je ne conseillerai jamais à quiconque porte une figure

humaine, de supporter une pareille injure. On peut
être pauvre; personne ne meurt de besoin, et l'homme
pauvre, n'en est pas moins estimable à ses propres
yeux, s'il ne l'est pas devenu par ses vices ou ses
propres crimes. Mais il n'est pas possible de sur-
vivre à la perte forcée et injuste d'une personne
quelconque tendrement aimée, et encore moins à
la perte de son propre honneur. Ainsi l'homme,
outragé de cette manière, doit nécessairement
mourir! l'atrocité de l'injure ayant été poussé jusqu'à
son plus haut degré : il ne doit donc plus avoir
aucuns égards, et quoi qu'il puisse en arriver,
l'homme courageux doit mourir vengé. Qui ne
craint rien, peut tout (1).

Pour preuve unique de ce que je viens d'avancer;
je me contenterai de faire observer que, de toutes
les tyrannies qui ont été détruites et de tous les
tyrans qui ont péri, il n'y eut jamais de causes
plus puissantes, pour prévenir ce premier mouvement général et nécessaire à une si haute fin, que
les injures faites par le tyran, d'abord à l'honneur (2),
ensuite dans le sang, et après dans la propriété.
Cet enseignement ne m'appartient pas; étant comme

(1) MM. Dupin père et fils, en habiles avocats, ne pourraient-ils
pas trouver dans ce précepte d'Alfieri quelque chose qui leur serait
applicable. S'ils ne le savent pas, ils pourront consulter feu Esco-
bard, ou les jésuites de Saint-Acheul. (*Note du Traducteur.*)

(2) La branche aînée des Bourbons a fait beaucoup d'injures personnelles à des individus. Toutes ces injures étaient bien enregis-
trées dans la mémoire de tous les Français : mais l'injure faite à
l'honneur national par les ordonnances du 25 juillet 1830 combla
la mesure. L'on en connaît le résultat. (*Note du Traducteur.*)

il l'est, dans la nature de l'espèce humaine ; mais pourtant à celui qui aurait à venger une pareille injure, et qui voudrait le faire, je lui conseillerai toujours d'en faire, seul, l'entreprise, et de ne jamais penser à son propre salut, parce qu'il y aurait peu d'élévation, qu'il y aurait inutilité, et que la chose est toujours pernicieuse pour une magnanime et importante vengeance. Que quiconque ne se sent pas capable d'une entière abnégation de soi-même, ne s'imagine pas follement être capable ou digne d'exécuter une pareille entreprise : et qu'il croye bien qu'il méritait l'outrage qu'il a reçu, et qu'il prenne son parti patiemment. Mais si l'homme outragé se trouve doué d'un esprit élevé et d'une haute intelligence ; si sa vengeance particulière peut lui faire concevoir et espérer qu'il en résultera une liberté universelle et permanente, qu'il agisse alors, mais toujours seul, avec activité ; qu'il accomplisse enfin sa première et sa plus importante entreprise ; que surtout il ne pense jamais à son propre salut (1) : que toutes les paroles qu'il pourrait employer avec un danger grave et inutile pour lui-même et pour l'entreprise, afin d'exciter ses amis à conjurer avec lui, qu'il les remplace toutes,

---

(1) Dans ce genre, on ne peut rien citer de plus admirable dans l'histoire de France que la sublime action de Charlotte Cordai. Marat avait fait périr son amant : elle s'en vengea sur Marat même. Charlotte Cordai n'avait pourtant pas lu l'histoire romaine. Charlotte Cordai ne communiqua pas même son projet à son père ou sa mère, et si elle n'avait pas lu l'histoire romaine, elle avait encore bien moins lu Alfieri.   (*Note du traducteur.*)

dis-je, par la seule chose importante; par un coup bien secret et bien porté! qu'il laisse ensuite à l'effet qui doit nécessairement en résulter, le soin d'étendre et de fortifier la conjuration, et qu'il abandonne au destin seul le soin de son propre salut. Je m'expliquerai mieux par des exemples.

Le peuple romain se révolta contre ses tyrans et la conjuration fut si heureuse que la tyrannie fut détruite entièrement; lorsque fortement ému de compassion par le cruel spectacle de Lucrèce, violée par le tyran, et qui s'était elle-même donnée la mort en présence de toute sa famille. Mais si Lucrèce n'avait pas d'abord généreusement accompli sur elle-même la première veangeance, n'est il pas à croire que Collatin et Brutus auraient inutilement, peut-être, avec une grande incertitude et un grand danger, conjuré la perte des tyrans, car le peuple et la plupart des hommes ne sont jamais autant émus par les raisons les plus convaincantes qu'ils le sont par une vengeance juste et accomplie; surtout alors qu'on y ajoute un spectacle terrible et sanguinaire qui frappe fortement tous les yeux (1): si donc Lucrèce ne se fut pas donnée elle-même la mort, son mari Collatin, comme le plus fortement outragé, aurait dû se perdre lui-même avec résolution, en assassinant le tyran adultère; et si dans

(1) Si une jeune femme assassinée par les soldats sur la place des Victoires, n'y avait pas péri, il est probable que la bataille de Paris n'aurait pas eu les conséquences qu'elle a eues.

(*Note du Traducteur.*)

cette entreprise, il périssait, il devait laisser à
Brutus le soin d'exciter, attendu l'injustice de sa
mort, le peuple à la liberté et à la vengeance. Mais
si ce dernier outrage du tyran n'avait pas été
public et si important qu'il l'était, et si cet outrage ajouté à tant d'autres n'avait pas été capable de délivrer le peuple romain, les parens et
les amis de Collatin auraient peut-être conjuré,
mais seulement contre Tarquin, au lieu que Collatin, sans conjurer avec personne, serait à lui
seul certainement parvenu à assassiner le tyran,
et ensuite peut-être à se sauver lui-même, et après
s'être réuni à Brutus, il aurait pu encore parvenir
à délivrer Rome même.

Il faut donc remarquer que l'homme gravement
outragé dans la tyrannie ne doit jamais conjurer
qu'avec lui-même. Au moins alors il rend certaine
sa propre vengeance, et par le spectacle terrible
qu'il prépare à ses concitoyens, il donne à la vengeance publique plus de chances de succès, et la
rend beaucoup plus mûre pour quiconque voudra ou
saura la mettre à exécution, au contraire en conjurant
avec plusieurs, pour mettre à exécution la vengeance privée, ni l'une, ni l'autre ne réussisent
ordinairement : tout homme donc qui se croit capable d'ourdir et de mettre à fin une haute et utile
conjuration, dont la fin est la véritable vertu politique, il ne doit jamais l'entreprendre qu'après un
grand nombre d'outrages généraux commis par le
tyran, et immédiatement après une vengeance
grande et privée, exécutée heureusement par un

de ceux qui a été le plus gravement outragé : et ainsi, que quiconque se croit capable de venger un outrage sanglant et particulier, le venge hautement et pleinement sans rechercher le plus léger secours, et qu'il laisse ensuite à d'autres le soin d'ourdir la conjuration : si elle réussit, l'honneur lui en appartiendra toujours en grande partie, quoiqu'il ait péri lui-même : et si la conjuration publique qui suivra la conjuration privée ne réussit point, la gloire en sera d'autant plus grande, ainsi que l'étonnement des hommes, qui verront que la conjuration privée a obtenu par lui seul un entier succès.

Mais les conjurations, alors même qu'elles réussissent, ont le plus souvent les plus funestes conséquences, attendu qu'elles se font presque toujours contre les tyrans, et non pas contre la tyrannie; d'où il résulte que pour venger une injure privée, on fait sans aucun profit un grand nombre de malheureux. Car, soit que le tyran y échappe, ou soit qu'un autre lui succède, dans l'un ou l'autre cas on centuple par cette vengeance privée la tyrannie et le malheur public.

Tout homme donc qui a reçu dans le sang ou dans l'honneur une mortelle injure, doit se figurer que le tyran l'a condamné à une mort inévitable, et qu'étant dans l'impossibilité où il est de l'éviter, il lui reste au moins une entière possibilité de s'en venger auparavant, et ainsi de ne pas mourir tout-à-fait infâme. Il ne doit jamais perdre de vue que, parmi les préceptes du tyran, le premier et le seul qu'il ne transgresse jamais est de

se venger de tous ceux qu'il a offensés lui-même (1).
Que ce soit donc aussi le premier précepte de quiconque le tyran a offensé plus gravement, de prévenir à tout prix, par une vengeance méritée, la
vengeance injuste et cruelle que lui réservent les
tyrans.

CHAPITRE VI.

SI UN PEUPLE QUI NE SENT PAS LA TYRANNIE LA MÉRITE OU NON.

Tout peuple qui ne sent pas sa propre servitude,
ne peut nécessairement avoir aucune idée de la liberté politique. Cependant, comme l'absence totale de cette idée naturelle n'est pas précisément la
faute des individus, mais bien celle de leurs vieilles
habitudes, qui sont arrivées à ce point d'étouffer en
eux toute lumière primitive de la raison naturelle.
L'humanité veut que l'on prenne pitié de leurs erreurs, et qu'on ne les méprise pas tout-à-fait : encore qu'ils soient très méprisés et très méprisables.
Nés de père en fils dans la servitude, où auraient-
ils pu recevoir quelque idée de la liberté primitive ?
Elle est naturelle et innée dans l'homme, me dira-

L'offensé pardonne mais l'offenseur jomais. Qu'on le demande
à MM. Dupin.   (_Note du Traducteur._)

t-on ! mais combien d'autres choses non moins naturelles ne sont-elles pas affaiblies en nous, ou entièrement dénaturées chaque jour par l'habitude et même par la violence.

Dans la république romaine, où tout Romain naissait citoyen et se croyait libre, y naissaient encore, parmi les peuples subjugués, quelques esclaves qui ne pouvaient ignorer de l'être, ayant tous les jours sous leurs yeux leurs maîtres parfaitement libres. Et cependant ils se croyaient esclaves et nés pour l'être, et cela par la seule raison que telle était leur éducation, et qu'ils étaient forcés de père en fils à se considérer comme tels. Si donc, au sein même de la liberté politique la plus splendide qui ait jamais existé sur la terre, ces hommes ignorans et avilis croyaient néamoins devoir seuls être esclaves, il ne sera pas étonnant que, dans nos tyrannies, où jamais le nom de liberté ne se prononce, ceux qui y naissent se croient réellement esclaves, ou, pour mieux dire, que ne connaissant pas la liberté, ils ne connaissent pas non plus l'esclavage.

Pour cette raison, il me paraît que les peuples d'Europe doivent beaucoup plus être plaints que haïs ou méprisés, étant, comme ils le sont, innocemment, par ignorance, et sans le savoir, complices du crime de l'esclavage dont ils supportent déjà la peine bien amplement, et d'une manière terrible.

Mais la haine, le mépris, et s'il existe un autre sentiment plus injurieux, le peu d'hommes pensant doit les diriger courageusement contre cette plus

nombreuse classe d'hommes qui ne sont pas tout-
à-fait imbéciles et ineptes, et qui s'accommodent
très bien de l'esclavage dans la tyrannie, et qui tous
les jours trahissent effrontément la vérité, eux-
mêmes, et l'humanité tout entière; qui s'empres-
sent à qui mieux mieux à flatter le tyran, à l'honorer, à le défendre, et à présenter les premiers leur
col au joug de l'esclavage. Par là, et par ce pacte
doublement criminel, le peuple, malheureux et in-
nocent, reste opprimé, et pour atteindre leur but
barbare, ils se font par ruse les plus chauds parti-
sans de toute ignorance nuisible.

Et poussant encore plus loin cette importante
différence qui existe entre la partie des esclaves
qui, dans la tyrannie, se fait l'instrument de l'oppression, et cette autre partie qui, sans le savoir,
s'en fait la victime, j'ose avancer une assertion qui
peut-être ne paraîtra pas fondée à un grand nombre de personnes, mais que je n'en crois pas moins
vraie : c'est que si l'on examine avec quelle fidélité, avec quel aveuglement et avec quelle obstination encore plus grande, les peuples défendent leurs
tyrans, on doit en conclure qu'ils feraient autant
d'efforts et peut-être plus pour la liberté, s'ils
l'avaient conquise; et si, dans toutes les circonstances, au lieu du nom du tyran, ils avaient entendu religieusement enseigner, comme chose
sacrée, le mot de RÉPUBLIQUE.

Le vice de la tyrannie et le plus grand opprobre
de la servitude ne résident donc pas dans le peuple, qui, dans tout gouvernement, est toujours la

chose la moins corrompue ; mais bien dans ce petit nombre d'hommes qui trompent le peuple. Pour
preuve, qu'on observe que toutes les fois que le
tyran excède la mesure que la stupidité humaine
puisse supporter, le premier et le seul, pour le plus
souvent, qui ose ressentir les injures extrêmes,
c'est toujours le bas peuple, qui cependant, dans la
plénitude de son ignorance et de sa folie, respecte
les tyrans presque à l'égal de Dieu. Au contraire,
les derniers à s'en offenser et à en tirer vengeance,
quoiqu'ils soient bien plus outragés, sont toujours
ceux de la classe la plus élevée, et les plus familiers
du tyran, et qui sont pourtant bien convaincus
qu'il est beaucoup moins qu'un homme (1). Je
conclus de là que, dans la tyrannie, ceux-là seuls
méritent d'être esclaves qui, ayant l'idée de la liberté, et aussi la force, ou l'art, ou le talent, pour
essayer au moins de la reconquérir aux autres, pré-
fèrent néanmoins la servitude, et même s'en font un
mérite, et qui, autant qu'ils le peuvent, le savent,
et forcent le reste de leurs semblables à rester
esclaves.

(1) Les vérités émises par Alfiéri sont des vérités d'observation.
Mais le mois de juillet 1830 les a mises dans toute leur évidence, et
dans les provinces, comme à Paris, c'est partout le bas peuple qui
s'est montré, et toutes les hautes classes se cachaient, et même en-
travaient autant qu'il était en elles les mouvemens populaires.

(*Note du Traducteur.*)

~~~~~~

CHAPITRE VII.

COMMENT L'ON PEUT RÉMÉDIER A LA TYRANNIE.

La volonté de tous, ou du plus grand nombre maintient seule la tyrannie : la volonté où l'opinion de tous ou du plus grand nombre peut seule la détruire véritablement. Mais si, dans nos tyrannies, la masse des hommes ne connaît pas d'autre gouvernement que le tyrannique, comment peut-il arriver qu'une pensée quelconque de la liberté pénètre le cœur de tous, ou du plus grand nombre? Je répondrai en gémissant qu'il n'existe aucun moyen efficace pour produire promptement un tel effet, et que dans les pays où la tyrannie est enracinée depuis plusieurs générations, il y en a cependant plusieurs que l'opinion développe, mais lentement.

Je me flatte que les tyrans d'Europe me pardonneront en faveur de cette fatale vérité, tous mes raisonnemens à leur égard. Mais pour diminuer un peu leur joie non moins stupide qu'inhumaine, je leur observerai que s'il n'existe pas de remèdes prompts et efficaces contre la tyrannie, il en existe toutefois plusieurs, et un principal, rapide, secret, et infaillible contre les tyrans.

Ces remèdes contre un tyran sont dans la main de tout particulier quelconque, même le plus obscur! mais les remèdes les plus efficaces, les plus prompts et les plus certains sont, qui le croirait; dans la main même du tyran. Je m'explique. Un homme fier et libre, alors qu'il a été personnellement outragé, ou alors que les outrages faits à l'universalité des sujets le frappent vivement, peut de lui-même, seul, dans un instant, et avec toute certitude, remédier, par le fer, efficacement au tyran, et s'il se trouve beaucoup d'hommes semblables à lui dans une tyrannie, ils auront bientôt aussi changé l'esprit de la multitude, et procureront en même temps un remède contre la tyrannie. Mais comme les hommes d'une telle trempe sont très-rares, surtout dans les gouvernemens criminels, et comme d'ailleurs l'assassinat seul du tyran ne fait, le plus souvent, qu'augmenter la tyrannie, je suis obligé, et j'en frémis! de manifester ici une dure vérité; elle consiste à dire que c'est dans la cruauté même, dans les continuelles injustices, dans les rapines et dans la corruption des mœurs du tyran que se trouve le plus prompt, le plus efficace et le plus certain remède contre la tyrannie. Plus le tyran est coupable et criminel, plus il pousse loin et évidemment l'abus de son autorité abusive et illimitée, plus il donne lieu d'espérer que les masses en ressentiront enfin les effets, qu'elles écouteront et comprendront la vérité, et s'en enthousiasmeront, et que par conséquent elles mettront solennellement fin pour toujours à un gouvernement aussi féroce et aussi déraisonnable. Et il faut considérer que les masses se persuadent rarement et difficilement que les maux qu'elles n'ont pas éprouvés pendant long-temps soient possibles ; c'est pourquoi les hommes vulgaires ne considèrent point la tyrannie comme un gouvernement monstrueux, tant que un ou plusieurs tyrans successifs ne leur en ont pas donné la preuve funeste et évidente, par des excès monstrueux et inouis.

Si jamais un citoyen vertueux pouvait devenir ministre d'un tyran, et si ce citoyen avait arrêté en lui-même le sublime projet de sacrifier sa vie et même sa propre réputation pour détruire la tyrannie surement et en peu de temps, il ne pourrait employer à cet effet aucun moyen meilleur et plus certain que de conseiller le tyran de manière à seconder et à exciter tellement en lui sa nature tyrannique, afin que s'abandonnant aux excès les plus atroces, il rendit en même temps sa personne et son autorité également odieuses et insupportables à tous et à chacun (1). C'est à dessein que j'emploie ces trois expressions : sa *personne*, son *autorité* et sa *vie*, parce que tout excès privé de la part du tyran ne serait nuisible qu'à lui-même, mais

(1) Les ministres de la restauration ont agi, sans le vouloir, d'après les principes d'Alfiéri.

(*Note du Traducteur.*)

tout excès public ajouté aux excès particuliers exciterait également la fureur des masses et des individus, et nuirait également à la tyrannie et au tyran, et pourrait ainsi les détruire tous les deux. Cet infâme et atroce moyen, que je suis le premier à reconnaître pour tel, serait indubitablement, comme il a toujours été, le seul moyen prompt et efficace pour une entreprise aussi importante et aussi difficile. J'ai horreur de le dire; mais mon horreur est encore bien plus grande, lorsque je pense quels sont les gouvernemens, où un homme vertueux, qui aurait la volonté de faire en peu de temps et avec certitude le souverain bien de son pays, se verrait d'abord forcé de se rendre lui-même infame et criminel, ou renoncer à son entreprise qui serait inexécutable par un autre moyen (1). Un tel homme ne peut donc jamais se trouver, et par-conséquent on ne pourra jamais obtenir que d'un ministre véritablement scélérat, les conséquences rapides de l'abus de la tyrannie. Mais un tel ministre ne consentira jamais à perdre autre chose que sa réputation, dont d'ailleurs il se soucie très-peu; il voudra à tout prix conserver l'autorité qu'il

---

(1) Beaucoup de personnes prétendent que Robespierre avait employé ce moyen, dans le sens opposé à celui qu'indique ici Alfieri, et que ses cruautés n'avaient d'autre but que de dégoûter la France de la liberté. On va jusqu'à assurer qu'il ne suivait en cela que les instructions de Louis XVIII, alors Monsieur, et de l'émigration : ce qui parait être confirmé par la pension donnée à la sœur de Robespierre par Louis XVIII. Quoiqu'il en soit, la cruauté sera toujours un moyen de faire abhorrer toute espèce de gouvernement.

(*Note du Traducteur.*)

a usurpée, les fruits de ses rapines de son pillage, et la vie ; ainsi il souffrira bien que le tyran
devienne cruel et méchant autant qu'il est nécessaire pour rendre les sujets malheureux, mais jamais
assez pour les pousser à une révolte ouverte (1).

Il résulte de là, que dans le siècle de douceur où
nous vivons, la science de la tyrannie est tellement
déliée et tellement subtile, et elle s'appuie, ainsi
que je l'ai démontré dans le premier livre, sur tant
et tant de bases si bien voilées et si solides, que
les tyrans n'excèdent jamais, ou excèdent rarement
la mesure envers les masses, et presque jamais envers les particuliers, si ce n'est sous le voile de
quelque apparente justice, et ainsi la tyrannie serait en sûreté pour toujours.

Mais voilà que j'entends crier de tous côtés :
puisque les tyrannies sont modérées et supporta-
bles, pourquoi tant de chaleur à les dévoiler et à
les poursuivre ? parce que les injures les plus cruelles
sont toujours celles qui offensent plus cruelle-
ment : parce qu'on doit mesurer les maux par
leurs grandeurs et leurs effets, bien plus que par
l'intensité de leur force, parce qu'enfin celui qui
boit tous les jours quelques onces de son sang, se
tue tout aussi bien que celui qui s'égorge d'un seul
coup, et celui-là se fait beaucoup plus souffrir.
Toutes les facultés de notre esprit endormies, tous les
droits de l'homme méconnus ou déniés ; toutes les

_____

(1) Alfieri s'est trompé, et les ministres de la restauration lui ont
prouvé qu'il avait tort.　　　　(*Note du Traducteur.*)

volontés magnanimes entravées ou détournées du vrai chemin, et mille autres offenses semblables et continuelles, et en si grand nombre que je passerais pour un ennuyeux déclamateur si je voulais les annoter ici une à une, et alors que la véritable vie de l'homme consiste, pardessus tout, dans l'emploi de ses facultés intellectuelles; vivre ainsi, et toujours en tremblant, n'est-ce pas là mourir tous les jours? et que sert à un homme qui se sent né pour la liberté et les hautes actions, de conserver en tremblant, sa vie, ses biens, et les autres choses qui lui appartiennent, et cela sans sûreté aucune, pour perdre, sans espoir de les reconquérir tous, absolument tous, les plus nobles et les plus vrais attributs de l'humanité.

CHAPITRE VIII.

PAR QUEL GOUVERNEMENT ON POURRAIT SUPPLÉER A LA TYRANNIE.

Mais de toutes parts, mille et mille objections non moins importantes viennent m'accabler. Et voici les dernières auxquelles je crois devoir faire quelque réponse. Il est bien plus facile, me dit-on,

de blâmer et de détruire que de créer et de réé-
difier : mais que la tyrannie soit un gouvernement
exécrable et vicieux en lui-même, ils le savaient
déjà bien, tous ceux qui ne sont pas tout-à-fait
stupides, et pour ceux qui le sont, toute preuve
est inutile. L'histoire de tous les peuples fait foi
de la très grande instabilité des gouvernemens
libres ! et il devient alors tout-à-fait inutile de prouver que l'on ne doit pas souffrir la tyrannie, si l'on
ne découvre pas les moyens infaillibles d'éterniser
la liberté.

Je pourrais remplir plusieurs pages avec de pareilles objections : il serait facile de le faire, mais
il n'est pas aussi facile d'y répondre. Quant à la
première, je réponds d'abord que je ne considère
pas du tout qu'il soit inutile de prouver aux moins
stupides, non que la tyrannie soit un gouvernement exécrable et vicieux en lui-même : que cette
espèce de gouvernement sous lequel ils vivent, et
qu'ils caressent sous le nom de monarchie, n'est
en effet rien autre chose qu'une entière et pure tyrannie accomodée aux temps, et en rien moins in-
sultante, ni moins dommageable pour l'espèce humaine que tout autre tyrannie ancienne, ou asia-
tique, mais beaucoup plus solidement établie, et
parconséquent beaucoup plus durable et fatale.

Je répondrai à la seconde objection avec un
peu plus d'étendue. Démontrer le mal, en indiquer
les causes, les moyens, et en partie les effets; c'est
certainement enseigner comment l'on pourrait
opérer le bien, qui est toujours le contraire du

mal. Si, donc, l'on parvenait à extirper jamais la
tyrannie de quelque partie considérable de l'Europe, comme serait, par exemple, toute l'Italie (1),
qu'elle est la forme de gouvernement que l'on pourrait y introduire, qui, après quelque temps, ne
pourrait dégénérer en tyrannie d'un ou de plusieurs.

En répondant à cette importante question avec
la modestie requise, et avec la conscience de ma
faiblesse, je dis que, lorsque l'Italie se trouvera
dans les circonstances favorables et nécessaires,
ceux des Italiens qui, alors, auront lu et médité
avec plus d'attention, tout ce que Platon a décou-
vert et enseigné, d'après tant d'hommes si illustres,
en ce qui regarde la meilleure forme des gouvernemens; ces Italiens d'alors, qui auront le mieux
étudié et connu par l'histoire, et chez les différentes nations de ce siècle, la nature, le caractère, et
les passions des hommes; ceux là pourront seuls
alors, en connaissance de cause, pourvoir à tout
ce qu'il faudra faire pour le mieux, c'est-à-dire
pour le moindre mal : si, au contraire, j'avais la
présomption de vouloir répondre à la question qui
m'a été faite tout-à-l'heure, je me trouverais forcé
de publier un autre ouvrage que j'intitulerais de
la RÉPUBLIQUE, dans lequel je m'efforcerais de développer la question dans toute son étendue. Mais
alors même que je me croirais la capacité, les lu-

(1) Alfieri s'occupe ici de la liberté de l'Italie ; la France a pris
l'initiative.   (*Note du Traducteur.*)

mières, la science, et le génie à ce nécessaires, je
devrais, néanmoins, toujours pour ne pas acquérir gratuitement la qualification de fou, protester,
en tête de cet ouvrage, qu'il est impossible d'établir, parmi les hommes, rien de parfait et d'inal-
térable, surtout dans les choses qui réclament des
efforts perpétuels et une vertu constante, et qui
attendu l'impulsion contraire et continuelle à la
nature humaine, beaucoup plus encline au bien des
intérêts privés et par conséquent au mal de tous
ou du plus grand nombre, s'affaiblissent insensi-
blement tous les jours et se corrompent d'elles-
mêmes. Je serais aussi forcé d'ajouter, dans ma
préface, que ce qui convient dans un pays ne convient presque jamais dans un autre, et que les
choses qui s'accommodent très bien dans le principe d'un nouvel état, ne sont plus suffisantes
dans sa marche progressive, et lui sont quelquefois nuisibles par la suite : que les changer à mesure que changent les hommes, les mœurs et les
temps, est chose d'autant plus nécessaire, qu'elle
est impossible à prévoir, et plus difficile à être
exécutée en temps opportun. Je me trouverais encore obligé de faire précéder ma RÉPUBLIQUE, de
mille et mille autres considérations semblables qui,
pour avoir été dites mieux que je ne pourrais le
dire moi-même, surtout par notre divin Machiavel, ne seraient pas ici, non seulement inutiles
par elles-mêmes, mais encore, contre mon intention, on pourrait les considérer comme une préven-
tion contre l'utilité de mon livre. Si d'ailleurs ma RÉPU-

BLIQUE, en théorie, pouvait paraître sage, raisonnable; si elle pouvait être adapté à tous les temps, à tous les lieux, à toutes les mœurs, ce serait précisément une raison pour qu'elle ne put être mise à exécution, dans le plus petit canton de la terre, sans qu'auparavant un sage législateur effectif n'y eût fait tels et autant de changemens et de modifications qui deviendraient nécessaires pour la société effective donnée, qui certainement dans quelque chose différera toujours de quelques unes des suppositions de la théorie du législateur idéal. Mais alors même que ma RÉPUBLIQUE écrite deviendrait réellement applicable, dans son entier, à un peuple quelconque, toute la sagesse humaine, et le peu que j'en ai, ne parviendraient jamais à établir un gouvernement tel qu'un accident, ou un événement imprévu, n'eût pas la force de pouvoir le rendre tout à coup plus mauvais, comme de le rendre meilleur, ou le changer, ou le renverser tout à fait.

Ce serait donc, de ma part, orgueil et folie, que de vouloir entreprendre un tel ouvrage. Je sais déjà que, alors même que je pourrais dire des choses nouvelles, mon livre n'en resterait pas moins inutile. Toutefois, un tel orgueil ne serait pas moins excusable qu'utile, comme celui de quiconque se porterait à une semblable entreprise, toutes les fois qu'un tel livre n'aurait pas follement pour but la gloire littéraire et législatrice; mais s'il était simplement un acte de zèle, d'un bon citoyen ver-

11

tueux et bien intentionné, et comme tel, cet ouvrage ne serait pas tout-à-fait inutile.

De ce que j'ai dit jusqu'ici rapidement, et aussi bien que je l'ai pu, il en pourrait, si je ne me trompe, résulter cet avantage : savoir, que là où une république s'élèverait de nos jours, ou dans l'avenir, sur la ruine d'une tyrannie détruite, il faudrait d'abord commencer par renverser et affaiblir, autant que possible, la mortelle influence des nombreuses causes de la servitude antérieure, que j'ai amplement indiquées dans mon premier livre. Alors on peut espérer qu'une telle république aurait quelque consistance et de la stabilité (1). En démontrant, pour ainsi dire, minutieusement, ainsi que je l'ai fait, comment la tyrannie était constituée, j'ai, en même temps, démontré indirectement comment devrait être constituée une république ; et j'ajoute que de tous les remèdes contre la tyrannie, quoiqu'il soit calme et lent, le meilleur est de la sentir toujours, mais la sentir vivement n'est pas possible au plus grand nombre, quoiqu'il en soit opprimé, là où le petit nombre n'ose pas même se plaindre.

(1) C'était ce qu'avait très bien aperçu, avant d'avoir lu Alfieri, l'assemblée constituante et la convention nationale. Ces deux assemblées firent table rase, et ne laissèrent pas debout un seul des appuis de la tyrannie. Napoléon, par la plus fausse de toutes les politiques, et contre ses propres intérêts, et la restauration par bêtise, ont relevé les deux élémens principaux de la tyrannie, les prêtres et la noblesse. Aujourd'hui ce sont des colosses aux pieds d'argile ; aujourd'hui il n'y a plus de racine pour eux en France.

(*Note du Traducteur.*)

Mais autant sont nécessaires l'impétuosité, l'audace, et, pour ainsi dire, une sainte rage pour dévoiler, combattre et détruire la tyrannie; autant il
faut de sagacité, de prudence et de modération
pour reconstruire, sur ses ruines, un état libre. Il
en résulte qu'il est très difficile que le même homme
puisse convenir à deux entreprises si différentes
dans leur moyens, quoiqu'exactement semblables
dans leur but. L'amour de la vérité me force à
dire ici, en passant, que les opinions politiques,
comme les opinions religieuses, ne peuvent jamais être totalement changées sans employer beaucoup de violence; que tout gouvernement nouveau
est souvent forcé, dès le principe, d'être cruelle-
ment sévère, et même quelquefois injuste, pour
convaincre, ou contenir, par la force, quiconque
n'approuve pas, ou ne comprend pas, on n'aime pas,
ou ne veut pas admettre des changemens, alors
même qu'ils sont d'une grande utilité : j'ajouterai
que, par une des plus grandes calamités de l'espèce
humaine, la violence, et quelques injustices réelles
et apparentes, sont encore plus nécessaires pour
établir la base d'un gouvernement libre sur les
ruines d'un gouvernement injuste et tyrannique,
que pour élever la tyrannie sur les ruines de la
liberté (1).

La raison m'en paraît évidente : la tyrannie ne

(1) J'invite les déclamateurs présens, passés et futurs, à bien mé-
diter ce passage d'Alfieri : peut-être ils cesseront de déclamer contre
la révolution française.

(*Note du Traducteur.*)

renverse jamais la liberté, autrement qu'avec une
force effective et tellement prépondérante, qu'elle
peut contenir et contient, en effet, facilement les
masses par des menaces et sa seule présence, et tandis
que, d'une main, elle tient l'épée toute nue, de l'autre
elle répand à profusion l'argent que cette épée a extor-
qué. De là, mais après avoir détruit quelques chefs du
peuple, après en avoir corrompu un plus grand nombre qu'il l'était déjà, et tout préparé à l'esclavage, le reste
obéit et se tait; mais la liberté naissante, combat-
tue avec la plus grande cruauté par ce nombre infini de gens qui s'engraissent de la tyrannie;
froidement accueillie par le peuple qui, indépen-
demment de sa légèreté naturelle, l'apprécie peu et
la connaît mal, parce qu'il n'a pas encore eu l'occasion d'en connaître les douceurs, la liberté naissante, dis-je, cette flamme divine, inappréciable,
qui brûle dans toute son immensité, dans le cœur
de peu d'individus, et qui, par ce petit nombre
est quelquefois inspirée et excitée dans le cœur
glacé du plus grand nombre, lorsque par quelque
heureuse circonstance, elle parvient à prendre un
corps déterminé! Comme alors il ne faut pas manquer de lui faire pousser de solides et profondes
racines, elle est forcée d'anéantir tous ces grands
coupables qui ne peuvent plus devenir citoyens et
qui pourraient en corrompre un si grand nombre
d'autres. Déplorable nécessité! Rome nous en a laissé
tant de sublimes exemples, et elle eût le bonheur
de n'y être presque pas soumise! du spectacle ex-
traordinaire et lamentable des fils de Brutus con-

damnés à mort par leur propre père, elle reçut une si forte, une si longue et une si généreuse impulsion de liberté qu'elle devint, en moins de trois siècles, toute à la fois grande et heureuse (1).

Je reviens maintenant à ma proposition, et je conclus en disant que le seul remède contre la tyrannie, est l'opinion et la volonté universelles. Que cette opinion et cette volonté ne peuvent changer que très lentement, et certainement par le seul moyen de ceux qui pensent, qui sentent, qui raisonnent et écrivent; que l'homme le plus vertueux, le plus humain, et qui a les mœurs les plus pures, se trouve forcé de désirer, dans son cœur, que les tyrans eux-mêmes se livrent à toute espèce d'excès, afin que cette volonté et cette opinion universelles changent plus rapidement, et avec plus de certitude. Et si au premier aspect un tel désir paraît inhumain, indigne et même criminel, il faut considérer que des révolutions importantes ne peuvent jamais arriver, comme je l'ai dit plus haut, sans de grand dangers et sans de grands dommages, et que jamais les peuples ne passent de l'esclavage à la liberté sans qu'il n'en coûte et beaucoup de gémissemens, et beaucoup de

(1) Dans ce genre je connais un fait historique comparable à celui de Brutus, et d'autant plus beau qu'il appartient à une femme. La duchesse d'Urbain était assiégée dans sa ville par le cruel Alexandre Borgia : il avait fait prendre dans l'un des collèges des environs les deux fils de la duchesse et la somma de rendre la ville ou qu'elle verrait égorger ses deux enfans. Les deux enfans furent égorgés en effet, mais la duchesse ne rendit pas la ville.

(*Note du Traducteur.*)

sang, et encore plus qu'il n'en coûte pour passer
de la liberté à l'esclavage. Un excellent citoyen
peut donc, sans cesser d'être un excellent citoyen,
désirer ardement ce mal passager, parcequ'en cou-
pant d'un seul coup un très grand nombre de maux
non moins grands et beaucoup plus durables, il
doit en résulter un bien plus grand et permanent.
Ce désir n'est point coupable en lui-même, puisqu'il ne tend à autre fin qu'à l'avantage véritable
et durable de l'état ; et s'il arrive heureusement ce
jour où un peuple opprimé et avili devient libre,
puissant et heureux, ce peuple bénit ensuite ce
carnage, ces violences et ce sang qui ont changé
un grand nombre de générations d'esclaves et
d'hommes avilis, en une génération illustre d'hommes vertueux et libres.

FIN.

TABLE.

FIN DE LA TABLE.

www.ingramcontent.com/pod-product-compliance
Lightning Source LLC
Chambersburg PA
CBHW070303290326
41930CB00040B/1890